言視舎

「生きづらさ」を支える本

対人援助の実践的手引き

佐藤幹夫 監修
NPO法人自立支援センターふるさとの会
的場由木 編・著

【はじめに】実践から生まれた生活支援の手引き

現在の日本社会では、年齢や性別を問わず「生きづらさ」がひろがっているように思われます。しかし、生きづらさを抱えた人を実際に支え、ケアするにはどうしたらいいのかについて、決まった「解」はありません。実践のなかで創り上げていくしかないのです。そのためにも、支援の実践の場で培った智恵をまとめていく必要があり、その結果として本書が生まれました。

本書は東京で生活困窮者（ホームレス・生活保護受給者など）の地域生活支援の活動を展開している「特定非営利活動法人自立支援センターふるさとの会（以下、「ふるさとの会」）」の、職員を対象として行なわれている研修内容の一部を解説文にしたものです。

生活困窮者に対する生活支援を実践している中で試行錯誤してきたケアの考え方などについて、新人職員にもわかりやすい手引書として利用できるよう、内容を整理しながらまとめてきました。

この実践的な智恵は、さまざまな理由によって「生きづらさ」を抱える人、その家族、友人にとっても役立つものと信じています。

ふるさとの会は、1990年に東京山谷地域の日雇い労働者を支援するためのボランティア団体として発足した民間組織で、1999年からは特定非営利活動法人の認証を受けて活動しています。ふるさとの会という名称は、さまざまな事情で故郷に帰ることができない日雇い労働者の人たちが、仲間とともに故郷の鍋を囲み団欒することで、元気を出してもらいたいという発足当初の活動内容に由来しています。現在は山谷の日雇い労働者に限らず、地域の中で孤立しがちな高齢者や障害をもつ人たちへと支援対象が広がり、活動範囲も地域のニーズに応じて徐々に拡大してきました。

2014年3月現在、ふるさとの会の活動地域は、東

京都台東区、墨田区、荒川区、新宿区、豊島区の5つであり、
①安定した住まいを確保するための「居住支援」
②地域で安心して暮らし続けるための「生活支援」
③地域の中で仲間をつくり役割を得るための「互助づくり」
④人生の最期まで孤立せずに生きることを支える「在宅看取り」
の4つの取り組みを柱に活動しています。

また若年者も増えており、就労支援も重要になってきました。

利用者数は全ての地区を合わせて約1200名。ほとんどが単身世帯であり、生活保護を受給している人が多くなっています。年齢は10歳代から90歳代まで幅広く、抱えている疾病や障害もさまざまです。

約800名の利用者はアパート等でひとり暮らしをしており、生活支援員による訪問と「共同リビング」と呼ばれる居場所が提供されています。

また、約400名の利用者は、ふるさとの会が地域の空き家を借り上げてつくった共同の住居で生活しており、それは「共同居住」と呼ばれています。「共同居住」には、生活支援員が24時間体制で常駐して日常生活を支える「自立援助ホーム」や「宿泊所」、就労支援を重点的に行なう「就労支援ホーム」などがあります。

ふるさとの会の職員数は、非常勤を含めて約270。生活支援員のほとんどは保健医療福祉に関わる資格を持っていません。福祉の仕事がはじめてという職員も少なくありませんが、「誰もがひとりの生活者として生活支援を行なうことができる」というコンセプトに基づき、さまざまな疾病や障害を抱える人たちの生活を適切に支援できるよう39項目の「ケア研修」が行なわれています。

この「ケア研修」の中核をなしているのが、本書にまとめた「対人援助論」です。「自らの支援の意味を考え、利用者さんと一緒によりよい地域生活をつくり出していけるようにすること」「多くの実践経験をひとつの援助論にまとめることで、支援職員が困った時の指針になること」が、対人援助論の大きな目的となっています。そして、この対人援助論で論議してきた内容をまとめたものが本書です。

ふるさとの会の職員向けの講義というスタイルをとっていますが、今後に向けてよりよい支援をつくっていくために、さまざまな立場の人たちに読んでいただき、率

直な意見をお寄せいただければと思っています。

ふるさとの会の対人援助論の内容は、毎月開催されている相談室事例検討会および対人援助勉強会にて、佐藤幹夫顧問のスーパーバイズのもと、現場の実情から見えてくる課題を整理していくプロセスによってつくられてきたものです。本書は、佐藤幹夫顧問および国立精神・神経医療研究センター精神保健研究所の竹島正先生からいただいた修正の提案を反映しています。

本書の作成にあたってご協力くださった多くの方々、出版の機会を与えてくださった言視舎の杉山尚次さんに心より感謝申し上げます。

〈ふるさとの会連絡先〉
〒111-0031　東京都台東区千束4-39-6-4F
電話　03-3876-8150
FAX　03-3876-7950
URL：http://www.hurusatonokai.jp/
メール：info@hurusatonokai.jp

「生きづらさ」を支える本～対人援助の実践的手引き／目次

【第1章】なぜ対人援助論が必要になったのか

ふるさとの会の職員のみなさんへ

この手引きは、ふるさとの会ではたらく職員のみなさんが**毎日の支援の中で感じているさまざまな悩みを、対人援助の考え方に沿って、ひとりで抱え込まずに仲間と一緒に考えながら解決してほしい**と願って書きました。

基本的な対人援助の考え方は、新人研修、ケア研修、全体研修などの講義で学んでいますが、講義を受ければすぐに実践できるかというと、なかなかそうはいきません。自転車の乗り方を言葉で習っても、実際に自分が自転車に乗る練習をしないといつまでも乗れるようにはなりません。それと同じように、それぞれが毎日の支援の中で「どう考えるか」「どうするか」という**自分自身のこころと身体を通した実体験を重ねることによって、はじめて自分のものになっていく**のだろうと思います。

また、法人全体で対人援助の考え方をどんなに論議しても、それが最終的に、対人支援の現場で利用者さんに向き合っている職員ひとりひとりに役立つものにならなければ意味がありません。とくにうまくできなくて困ったときなど、**自分自身の体験と照らし合わせながら考えてみてください。**

この解説文は、ケア研修の講義内容を基にしています。現場の個別具体的な場面で体験されることと、講義内容がつながりやすくなるように考えながら書きました。ただ、ここで出すことのできる事例には限りがあります。ですから、「こういう場合はどう考えたらいいの?」という疑問があればぜひ出してもらい、この対人援助論をより役立つものに改訂していきたいと考えています。

対人援助論をつくるに至った経緯と目的

ふるさとの会がNPO法人として活動をはじめてから15年ほどになります。住む場所や生活に困っている人が地域の中で安心して暮らしていけるように支援することを目的に、宿泊所をつくり、アパートや簡易旅館（通称ドヤ）でひとり暮らしをしている人たちが孤独にならないような居場所（共同リビング）をつくってきました。

ふるさとの会が「支援論・対人援助論」をつくろうと考えたのは今からおよそ5年前のことです。きっかけとなったのは、自立援助ホームに入居して間もない利用者さんが3階から飛び降りて亡くなってしまったという事件です。入居時からあまり話をしない利用者さんで、これから少しずつ関係づくりをしていこうと考えていた矢先の出来事でした。

この時に、事業所の職員間で話し合いがもたれたのですが、「この自立援助ホームは利用者さんにとっていったい何なのか？」「自分の支援はこれでいいのか、常に不安を感じている」といった意見が出されました。

それまで、ふるさとの会の支援はそれぞれの職員の試行錯誤によって行なわれていました。うまくいったりいかなかったり、経験が継承されたりされなかったりの状態でした。職員個々の経験と力量だけを頼りにしてやってきたわけです。

しかし、それには当然ながら限界がありました。それぞれの職員の日々の関わりが、利用者さんの人生を左右し得ることを考えると、やはり職員個々にとっては負担の大きい枠組みだったと思います。また、利用者さんからみれば、担当となる職員によって対応が異なるので、戸惑いや混乱もあったでしょう。

そこで、**どの職員でもある程度共通した対応ができるように「対人援助マニュアル」をつくったらどうだろう**という話になりました。この時、「ひとりひとり違った人間同士の支援を形式的なマニュアルにするのはいかがなものか」という意見もありました。確かにひとりひとりの利用者さんの状況などによって臨機応変に対応する必要があります。職員もそれぞれ年齢も人生経験も人柄も違うので、具体的な関わり方はそれぞれの職員のキャラクターを活かして工夫してもらう必要があります。

しかし、**「これは大切だよね」という基本的な考え方と**

して共通確認できるものがあれば、支援の中で途方に暮れてしまった時に、立ち戻ることのできる「よりどころ」になります。その場その場の対応に追われ、その時の考えによる関わりだけを続けている中でトラブルが次々に起こっている状態では、「地図のない海の中でひたすら溺れているような感覚」になって、いずれは疲れてしまいます。困った時に立ち戻る場所としての支援論（基本的な指針や枠組み）を皆で考えてつくっていこうと取り組んできたのが、ふるさとの会の「対人援助論」です。

　はじめて対人援助の話をきく職員にとっては、すでに完成されたものとして受けとられるかもしれませんが、そうではありません。また、「完璧で変わることのない答え」でもありません。**現場の職員それぞれの実践と試行錯誤の積み重ねから見えてきた大切な共通項を取り出して、それを〝言葉〟にして共有してきたのが、この手引きです。**およそ5年にわたる議論によってつくられてきたものであり、現在も日々進化しているものです。

【第2章】生活支援とは何か

社会的孤立と生きづらさを地域生活の中で解決していく

ふるさとの会の利用者さんは社会的に孤立している人たちだと言われます。まず地域社会や職場からの孤立ですが、ごみ屋敷化や生活音などの近隣トラブルから賃貸契約を更新できずに退去となる、仕事がなくなって寮から追い出されるといった場合がそうです。一定の社会基準に合わない人や弱い立場の人が居場所を失ってしまうという事態はどうしても起こってしまうのです。

社会において何らかの理由で居場所を失ってしまった人たちが生きていけるように支える役割を担っているのが福祉だと思います。ところが、福祉の中でも居場所を失ってしまう（受け入れを拒否されてしまう）人たちがいます。福祉を一括りにして語るのはやや乱暴ではありますが、福祉の利用を必要とする人が「利用の基準や枠組み」に合わない場合に、「あなたは対象外です」「利用契約を守れなければ退所です」などと言われてしまって、生活の場が見つけられないことがあるのも事実です。

また、特別養護老人ホームの待機者が数十万人もいると言われているように、必要な資源が整っていないために利用できないという現実もあります。ふるさとの会は、**社会にも居場所がなく、福祉にも居場所がないという状況にある人たちを支援している**と言えます。

とりわけ福祉施設の「基準や枠組み」に合わずに利用が難しくなっている人の多くは、「生きづらさ」を抱えています。「**生きづらさ**」とは、人との関係性に困難を抱え、社会生活に馴染めず、「生きることがつらい」と本人が感じている状態のことです。支援に拒否的だったり、ルールが守れなかったり、何らかのトラブルを抱えて「出入り禁止」となってしまう人もいます。**支援する側からすれば対応に困ってしまう「困難事例」ですが、本人からしてみれば「生きづらさ」ゆえのことです。**

よく考えれば、これはお互いがすれ違っている事態だと思うのですが、「この人は難しい人」という個人の資質だけの問題にしてしまえば、「難しい人だから受け入れられない」という排除の発想になってしまうでしょう。排除せずに受け入れたとしても、「難しい人なのに受け入れてやっている」という意識があるとすれば、それは支援者の「温情主義」や「自己犠牲」の感覚につながりやすくなります。

もし何かの事情で自分自身が福祉を必要とした時に、こんなふうに見られたら、どんな気持ちになるでしょうか？　関係づくりが難しいとされる人のこころの奥には、支援されることへの屈辱感が潜んでいるかもしれません。**支援に対する拒否的な態度には、この屈辱的な関係への異議申し立てのメッセージが含まれてはいないでしょうか？**

ここは私たちの支援論のポイントですが、そもそも社会的に孤立した状況の人たちの生活を支えることとは、社会の基準に無理やり適応させたり、保護という名目のもと、社会とは別の場所に囲ってしまうことではないはずです。「**日常の悩みやトラブルの解決をともに考えながら、生活や人間関係を再構築していくこと**」、それを「**多様な考え方を持つ人たちが寄り集まって暮らしている地域コミュニティ**[1]**の中で行なえるようにすること**」が、**生活支援の最大の役割**ではないかと思います。

機能障害を生活障害にしない生活支援

「機能障害」とは、病気などでこころや身体がうまく機能しない状態を言います[2]。例えば、認知症を抱えている人は、ほんのちょっと前の出来事を覚えていることができなくなることが多いので、食事をしたばかりなのに「自分はまだご飯を食べていない」と訴える場合があります。認知症という病気によって「認知機能」が障害されている（機能障害がある）ために、食事をしたという事実を思い出すことができないのです。

一方「生活障害」とは、生活・人生の場面に生じる難しさ（不都合）のことです。例えば認知症の場合は、混乱や不安が大きくなりすぎて、自分を傷つけたり他人を攻撃したりするようになってしまう状態を言います。

認知症の人がほんのちょっと前に食事をしたことを忘れてしまって、「自分はご飯を食べていない」と職員に伝えた時、「さっき食べたばっかりでしょ！」と言われてしまったとします。食事をしたことを思い出すことができない認知症の人は、混乱して「そんなはずはない！」と怒りますし、「ここでは飢え死にしてしまう。どこかへ逃げなくては！」と思い詰めて出ていってしまうかもしれません。

しかし「まだ食べていないのですね。一緒に準備しましょう」と言われれば、「ここは自分の話をきいてくれる（わかってくれる）ところなんだな」と、ひとまず安心することができます。

ほんのちょっと前の言動を思い出せないという「機能障害」を抱えていたとしても、そばにいる人たちとの間に安心した人間関係があれば、不安が大きくなりすぎてパニックになることもなく、安心して生活することができます。このような**安心した人間関係をつくることが、「機能障害を生活障害にしない生活支援」**だと言えます[3]。

（１）【ミックスコミュニティ】『2011-2020　東京都住宅マスタープラン』［東京都　2012］一一頁。

　年齢や職業、所得水準などの異なる人々が同じ地域で、ともに交流して暮らせるようなまちづくり、地域社会のこと。

（２）ＩＣＦ（国際生活機能分類）では、機能障害について、「著しい変異や喪失などといった、心身機能または身体構造上の問題である」と定義されています（下図）。

（３）「認知症のはじまり、早期診断と初期対応」［粟田主一 2012］一八頁。

「脳の病気―認知機能障害―生活機能障害」という認知症の中核的臨床像のうえに、さまざまな「身体疾患」や「周辺症状（精神症状や行動障害：ＢＰＳＤ）」が加わり、これらが相互に影響を及ぼしあいながら複雑な臨床像を形成していく。そして、そのような複雑さのために、認知症をもつ人とその家族はさまざまな「社会的困難」に直面し、そのような家庭の中で本人も家族も生活の質（ＱＯＬ）を急激に低下させていくのである。

〈参考〉ICF（国際生活機能分類）の構成要素［社会・援護局障害保健福祉部企画課、2002］

健康との関連において

　心身機能（body functions）とは、身体系の生理的機能（心理的機能を含む）である。

　身体構造（body structures）とは、器官・肢体とその構成部分などの、身体の解剖学的部分である。

　機能障害（構造障害を含む）（impairments）とは、著しい変異や喪失などといった、心身機能または身体構造上の問題である。

　活動（activity）とは、課題や行為の個人による遂行のことである。

　参加（participation）とは、生活・人生場面（life situation）への関わりのことである。

　活動制限（actibity limitations）とは、個人が活動を行なうときに生じる難しさのことである。

　参加制約（participation restrictions）とは、個人が何らかの生活・人生場面に関わるときに経験する難しさのことである。

　環境因子（environmental factors）とは、人々が生活し、人生を送っている物的な環境や社会的環境、人々の社会的な態度による環境を構成する因子のことである。

ICFの構成要素間の相互作用

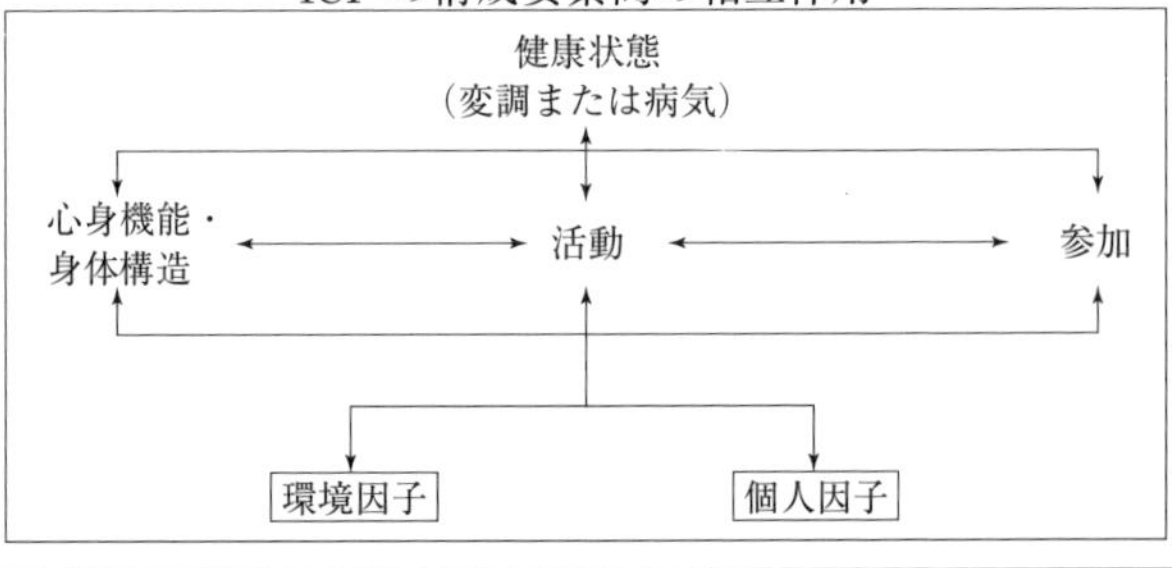

安心生活のための支援とは

さて、対人援助の前提として、「生活支援」とは「機能障害を生活障害にしないこと」だと書きました。みなさんはどのように感じたでしょうか？　「忙しい時に何度もご飯を食べてないと言われて、優しい声ばかりもかけられなかった」「利用者さん同士が仲良くなれるようにと言われても、喧嘩を仲裁するので精一杯だよ」などと思った人もいるかもしれません。「安心生活の実現なんてきれいごとを言われても、実際にはうまくいかないよ！」という声がきこえてきそうです。

ここでひとつ考えていただきたいことがあります。ふるさとの会の「生活支援」が目指していることは、「みんなが天使のように優しくなって、平和に暮らしていきましょう」ということではないということです。そもそもそれができたら、対人援助論など考える必要もなかったでしょう。何事もなく平和に暮らしたいとどんなに願ってみても無理なのが、「生活」であり「人生」です。**自分の目の前に否応なく立ち現われてくる「困った事態」を、本人と職員がどのように受け止めて、どのように対処していくのか、**これが重要なテーマなのです。

これまでふるさとの会の支援で出会ってきたさまざまな「困った事態」は山のようにあります。しかし、皆が悩みながら取り組んできた経験から、いくつかの大切な方向性が見出されてきました。ここに、関係づくりのヒントとなるキーワードもあります。これから「対人援助論」を学びながら、ひとつひとつ考えていきましょう。

【第3章】基本的信頼関係を構築するために（対人援助論Ⅰ）

基本的信頼関係とは

はじめに、基本的信頼関係について考えてみたいと思います。なぜ、はじめに基本的信頼関係を考える必要があるかというと、ほとんどの場合、これが〝ない〟ところから支援が出発するからです。

ふるさとの会の支援対象者の人たちは、生活困窮を抱え、生きていく場所を失った人たちです。利用者さんの中には事前にふるさとの会の支援を見学する人もいますが、いくつかの選択肢から選べる状況にある人は少ないのが現状で、「仕方なく来た」という人が多いのです。特に認知症の人などは混乱が大きく、「急に連れてこられた」と言う人もいます。

「信頼」とは一般的には、頼っても大丈夫だと信じていることです。お互いに信頼し合っている関係を「信頼関係」と言いますね。お互いに助け合うことができるためには、ある程度自分のことを信頼してもらい、自分も相手のことを信頼できる関係が必要です。

さらに「基本的信頼」という言葉には、その時々の個々の人間関係の中で相手を信頼できるかどうかということに留まらない、もっと生きる上で必要不可欠となる「こころの安全基地」のような意味合いが含まれています。**人に対する信頼感や場に対する信頼感がこころの中にあるということ**だと思います。

これから、**基本的な信頼関係を構築していくにあたってのポイントとなる3つの局面、**

（1）問題行動を抑制しない、馴染むまで「待つ」（風景

化）

（２）言葉の上乗せから協働作業へ

（３）自傷・他害（パニック）は「抱き合い喧嘩」

について考えていきましょう。

1 問題行動を抑制しない、馴染むまで「待つ」（風景化）

「待つ」時期

「待つ」時期とは、利用者さんがふるさとの会の支援を了解し、受け入れてくれるまでの時期のことです。それは、利用者さんの変化をただ何もせずに待っているのではなくて、利用者さんの気持ちと生活とが調和できるように工夫しながら支援することを言います。ケアが成りたつためのケアという意味で「**ケア前ケア**[4]」とも言われています。

以前、ある宿泊所にケースワーカーさんの同行で入居予定だった利用者さんが、なかなか到着しないことがありました。病院からの入居でしたが、移動途中の駅で「人身売買だ」と大声を出して動かなくなってしまったのです。宿泊所に到着した時には、本人は疲れ切っていました。職員が「疲れたでしょうから、ゆっくり休んでくださいね」と声をかけ、生活が始まりました。

ある日の夜間、その方が2階の窓から電柱をつたって外へ出ていくところを近所の人が発見しました。とても危険だと心配した職員が「いつでも外に出ていいので、お願いですから玄関から出てください」と伝えたところ、その後は窓から出ることも、夜間に出ようとすることもなくなりました。

ふるさとの会の宿泊所は玄関から自由に出入りができますが、本人のそれまでの人生経験から、閉鎖病棟のように「閉じ込められて出られないところ」と思っていたようです。また、「夜中に窓から脱出しなければ！」と思うくらい、危険な場所という認識だったと思われます。その後の職員の関わりで、その方は安心して生活できるようになりましたが、入居するときの不安がいかに大きいかを考えさせられる出来事でした。

このように、ふるさとの会の支援が始まってから、利用者さんが、**自分の生活にとって有益な支援だと信頼して了解するようになるまでにはタイムラグがあることが**

わかりました。そこで、この時期を「待つ」時期だと考えました。

　一般的には、支援開始時は支援者が利用者さんをアセスメントしてニーズ（必要な支援）を明確にすることが大切だと言われます。しかし、この時期は、支援する側が利用者さんを「見る」こと以上に、利用者さんから「見られている」時期です。そして**どのようにしたら信頼関係を築けるのか、模索をする時期**だと言えます。「ここは安全なところみたいだな」「ここで暮らすのも悪くないな」「これからのことを一緒に考えてもらおうかな」と思ってもらえるようになるまでには、実際に支援を見てもらい、考えてもらい、了解してもらう時間が必要なのです。

　数日で支援を受け入れてくれる人もあれば、数年かかる人もいます。この時期の重要さを自覚しないまま支援をしてしまうと、「利用者が支援をありがたく受け入れるのは当たり前」だと思ってしまい、一方的な関わりになりがちです。支援に拒否的な利用者さんに出会うと、「言うことをきかない人だ」「やっかいな人だな」「人と関わるのがそもそも嫌いな人に違いない」と勝手に思い込んでしまうことになります。

　相手のことを「こういう人だ」と判断してしまう前に、**「相手は自分をどう見ているのか」「相手はふるさとの会の支援をどう見ているのか」を考えることが支援の出発点**となります。

（4）【ケア前ケア】

『人はなぜひとを「ケア」するのか』［佐藤幹夫　2010］七八頁。

　ケアという行為が成り立つためには、じつは前提がいる。前提となる心理的土台を必要とするといってもいい。（中略）長期間の被暴力体験、身体拘束、出生初期からの遺棄やネグレクト、長い間の孤立などによって、激しい心身の損傷を受けたとき、以てしかるべき「心理的土台」は損なわれる。（中略）こうした人びとへのケアにあって難しいのは、「ケアが成り立つためのケア」から始めなくてはならないことだ。

問題行動を抑制しない
——問題行動の意味を考える

「問題行動を抑制しない」。このフレーズは最も誤解が多く、議論になりやすいところです。じっくり考えていきましょう。

まず、「**問題行動とは何か**」。問題行動の〝問題〟とは誰にとっての〝問題〟なのかを考える必要があります。

ふるさとの会で言っている「問題行動」とは、支援者にとっては「嫌だな」「困ったな」「止めてほしい」と思った言動です。しかし本人にとっては、自分の困りごとや不安の表現だということです。

次に「**抑制しない**」とは何でしょうか?「抑制しない」とは、支援職員の価値観、価値判断を相手に押し付けないで、「なぜこのような言動を相手はしているのだろう?」と考えることを言います。**支援者にとって「問題」だと感じられるような言動が、相手にとってはどのような意味があるのだろうかと考える**ことが重要です。

「支援の拒否」「自傷行為」「連続飲酒」「暴力や暴言」「徘徊」などは、どれも支援者が困ったなと思ってしまうような言動です。しかしながら、本人からしてみれば、自分がこれ以上傷つかないように侵襲的だと感じられる関わりを拒否していたり、生きるために自傷行為をしていたり、安全な場所に避難しようとして外に出たことが「徘徊」だと言われたり、嫌な気持ちを紛らわせようとしてお酒をもとめたり、我慢が限界に達して暴力や暴言に至っていたりなど、それぞれの言動の背景には「本人にとっての意味」があります。

まずは、その意味を考え、気持ちを受け止めることが必要です。言動そのものは了解しがたくても、**「なぜそのような言動に至ってしまったのか」という理由を知る**ことができると、多く場合、そのやむにやまれぬ思いについては了解できるはずです。

相手の気持ちを否定せず、また表面的な言動だけを見て管理的・抑制的に関わるのではなく、**相手の不安や「困り感」[5]に焦点をあてて、一緒にそれを解決していくこと**が、「問題行動を抑制しない」ということだと言えます。

エポケー（判断停止）
——いったん常識を脇に置いてみる

自分の価値判断をいったん脇に置いて、「なぜだろう」と問うことをエポケー(6)（判断停止）と言っています。背後にある問題（根っこに抱えている問題）を考えるためです。対人援助の講義では「なぜだろう」と問うことが大切だと繰り返し伝えていますが、「なぜだろう」と本人に問うことは、本人を追い詰めることになるのではないか？」という意見もありました。ここで確認しておく必要があります。「なぜだろう？」と問うのは自分の心に問うのであって、相手を問い詰めることではありません。「**相手の身になって考えてみる**」ということです。

ふるさとの会には、生活習慣病を抱えている人が多くいます。糖尿病のAさんもその一人で、お菓子ばかり買って食べていました。主治医からは「病気が悪化するので、甘いものはなるべく控えるように」と言われています。「からだに悪いから甘いものはやめましょう」と言っても、本人は一向に生活習慣を変えようとしません。

そこで主治医からも「糖尿病が進行すると将来目が見えなくなったり、歩けなくなったりするかもしれないで

（5）【困り感】
『自閉症児の困り感に寄り添う支援』［佐藤暁　2007］一五頁。
「困り感」とは、いやな思いや苦しい思いをしながらも、それを自分だけではうまく解決できず、どうしてよいかわからない状態になるときに、本人自身が抱く感覚である。

（6）【エポケー】
『臨床哲学講義』［木村敏　2012］一〇九頁。
現象学的精神病理学は、経験的な目に見えている症状についてあれこれ判断したり解釈したりすることを中止して、それに現象学のいう「判断停止」つまり「エポケー」を行なって、その向こう側にある本源的で超越論的な出来事を、もう一つの目でもって見て取る必要がある、と考えてきました。

すよ。甘いものではなく、しっかり野菜を食べてくださ い」と説明してもらいました。本人は「わかったよ」と言っていましたが、今度は隠れてお菓子を食べるようになってしまいました。

これ以上説得を続けては本人との関係が悪くなってしまいます。しかし、そのままにしておくのも心配です。そこで職員は、「健康はいいことだ」「甘いものはやめるべき」という**従来の価値観をいったん脇に置いて**、「Aさんの一番好きなお菓子は何ですか」と話しかけました。すると「おはぎだよ。甘いものを食べている時が一番しあわせ。これが唯一の楽しみ。もう歳だから好きにさせてくれ」と言います。

Aさんの生活をさらによくきいてみると、一日中部屋の中でテレビを見て過ごすことが多く、確かにお菓子以外の楽しみは見当たりません。このまま歳をとっていくことや病気が進行していくことにも不安を抱えていましたが、悩みすぎると眠れなくなってしまうので、先のことは考えないようにと自分に言い聞かせていました。

Aさんはお菓子を支えにどうにか毎日をやりすごしていたわけです。「健康でいること」と「毎日の楽しみを持って生きること」はどちらもAさんが必要としていることでした。しかし、それを両立する手立てがなくて困っている状況だということがわかりました。

職員はAさんが楽しみや役割を得られるようなイベントに誘ったり、ケアマネジャーさんと相談しながら、日中活動の場所を一緒に探すことにしました。一緒に考えていく中で、Aさんは歌が好きで、映画にも詳しいことがわかってきました。

デイサービスやイベントでのカラオケが楽しみになり、そういった楽しみが増えるにしたがって、お菓子をたくさん食べることも少なくなっていきました。

また、最初は口数が少なかったAさんもだんだんと顔見知りの仲間が増え、お互いに体調のことなどを話せるようになりました。七夕の短冊には「皆の健康」と願いが書かれていました。

このように自分が体験から得た意味や教訓を押しつけずに、相手は何を考えているのかな?と考え始めることが、対人援助で言っているエポケーです。**判断停止というのは思考の始まり**であって、決して「思考停止（考えるのをやめること）」ではありません。

仲間と一緒に「なぜだろう」と考える

ある時期から、「心にゆとりがなくてエポケーできませんでした」「修業が足りなくてなかなかエポケーできません」といった話が、職員からきかれるようになりました。なるほど自分が困ってしまった瞬間にすぐさま自分の価値判断を停止して、相手の身になって考えることが難しい場面はあります。むしろ同じ空間を共に生きる人間として、瞬間的に自分の感情や意見を出すこと自体は悪いことではありません。

ですから、自分の意見や感情を押し殺して対応するのが「問題行動を抑制しない」やエポケーなのではなくて、自分の考えに固執せず、押し付けないようにするための工夫だと理解すればいいのではないかと思います。

生活支援のいいところは、**一発勝負ではないところ**です。時に瞬間的な判断を求められたり、機を逃して後悔することもありますが、基本的には日常をじっくりと積み重ねていく支援です。ですから、うまくいかないと思えば何度でも考え直して軌道修正していけばいいのです。「なぜだろう」と考えることを個人作業だと思わずに、仲間と一緒に悩んでいく**協働作業**だと考えることが大切だと思います。

人は誰でも気持ちにゆとりがなくなってしまうと、相手の身になって考えたり、視点を変えて考えてみることが難しくなってしまいます。自分の考えに固執しているつもりはなくても、自分だけで何とか対処しようと一生懸命になっている時は、知らないうちに考え方がせまくなってしまうものです。仲間の意見を聞くと、「こういう見方もできるのか」と、自分とは違った視点に出会えることがあると思います。皆で「なぜだろう」と考えるのが**職員ミーティング**の大切な機能です。

困った事態と向き合う——他者の登場

ふるさとの会の共同居住には禁酒のルールがあります。これは、アルコール依存症の人が多く利用しているために、お酒のにおいがしない保護的な環境をつくるためのルールです。しかしながら、時々、共同居住内で飲酒したり、酔っ払って帰って来る人もいます。このように目の前で飲酒している人を見かけてしまった時、どうしたらいいでしょうか？

ほとんどの職員は「困ったな……」と、はじめに思うのではないでしょうか。見て見ぬふりをしてしまったら、他のアルコール依存の人たちが苦しむことになります。しかし「飲んだらダメでしょ！」と頭ごなしに注意したら、「なんだ、この野郎！」と怒鳴られて喧嘩になるかもしれません。

このような困った事態に出くわす状況を、哲学で使われている言葉ですが**「他者の登場」**と言っています。**「他者」とは自分の思い通りにならない人または状況のこと**です。自分の思い通りにならない状況が、自分の意志とは関係なく突然登場してくるわけです。好むと好まざるとにかかわらず直面してしまうのですから、大変ですね。

さて、この時に人間がとれる行動には、大きく分けて3つのパターンがあると考えられます。

①見て見ぬふりをする（なかったことにする）
②目の前から排除する
③解決する

の3つです。

見て見ぬふりをするとどうなるか

はじめに「見て見ぬふりをする」について考えてみます。

自分にとって都合の悪い状況である「他者」を受け入れずに無視したり、見なかったことにすると、その場をしのぐことはできるかもしれません。しかし、**後から問題が大きくなって再登場する**ことがほとんどです。問題が小さいうちに、皆で状況についての情報を共有して対処するほうが、実際は楽なのです。

以前、ある自立援助ホームで暴力問題が深刻になってしまったことがありました。日常の小さなトラブルに適切に対応できていない状態が続いていたために、徐々に常態化するとともにエスカレートしてしまったと思われます。「問題行動を抑制しない」ということを「問題があっても何もしない」と考えてしまったからです（自分では対応が困難だったために、「何もしなくていいのだ」と考えたかったのかもしれません）。

何らかの「問題」とは、自分にとって不都合、厄介だと感じられるものですが、「問題」には、**現在よりも状況**をよくするためのきっかけが含まれています。問題に出会うこと自体は、本来は幸運なことだとも言えるのです。それを自分だけで抱えて解決できないことが、一番の不幸です。何らかの「問題」に出会った時には、まず**同じ職場の仲間と状況を共有する場を持つ**ことが大切です。

目の前から排除するとどうなるか

次に「目の前から排除する」について考えてみましょう。

ふるさとの会の共同居住の多くは、飲酒をしない、暴力をしない、居室喫煙はしない、などのルールがあります。ルールを守れない人は自動的に「退所」と決めてしまうことも、できなくはありません。基準に合わない人は出ていってくださいという枠組みであれば、本人と向き合う必要もありませんし、ある意味では「楽」なのかもしれません。

しかし、ふるさとの会を利用する人の多くは、居所を転々としてきた人たちです。ルールを守れない人を退所にして排除してしまうだけの支援であれば、ふるさとの会の存在する意味はありません。ふるさとの会は、**社会**

から排除されてきた人たちが地域の中で安心して生きていけるように支援することを社会使命にしているからです。

よく考えてみれば当たり前のことですが、人間は誰でも完璧には生きていけません。「こうしなければ」とわかっていてもできないことなんて、誰にでもたくさんあることだと思います。お互いにできないことを責め合って、追い詰めたり排除したりするのではなく、**どうやったらできるようになるのかを一緒に考えてくれる人がいたら心強い**ですね。

解決するとはどういうことか

最後に「解決する」について考えてみたいと思います。「問題行動を抑制しない」とは、自分の価値判断を押し付けないで、「なぜこのような言動をしているのだろう?」と考えることだと書きました。飲酒している人を見て「困ったな」と思った時、「どうして飲んでいるのかな?」と考えるのが、**解決の第一歩**になります。

「どうしたのかな」と思いながら寄り添っていると、いろいろと見えてくることがあります。人によって違いはありますが、飲んでしまう理由がやはりあるからです。本人もルール違反だとわかっているから、余計に心が荒んでしまっていることもあるでしょう。何も言わないのに「うるせぇ!」と言われてしまうこともあると思います。

「何かあったんだろうな」と考えながらそばにいて、しばらく過ごしてみると、解決する必要のある問題は、本人が飲酒をするかしないかということではなく、飲まなきゃやっていけないような、何らかの事情や不安という背後の問題に気がつくと思います。

その**背後にある問題を考えていくこと**が、「問題行動を抑制しない」ということです。放置することではなく、一緒に前に進むための準備なのです。

風景化――馴染むまで待つ

次に「風景化」について考えてみたいと思います。「風景」ときいてどんなイメージを持つでしょうか？　おっとりとして懐かしい感じや、清々しい感覚をイメージする人もいるかもしれません。

「問題行動を抑制しない」（17ページ）の項で、「問題行動」の〝問題〟とは、支援職員にとっての問題だと述べました。職員にとって違和感や不安を抱くような行動のことです。一方、「風景」というのは、特に意識されることもないような、普段の当たり前の景色であり、馴染んでいて調和している状態です。

「風景化」とは、最初は周囲から見て「奇妙だな」と**違和感を覚えるような行動でも、時間が経つにつれて、だんだんと日常の風景として馴染んでくるようなこと**です。奇妙だから、違和感があるからと排除し、無理にやめさせようとするのではなくて、「馴染むまで待ちましょう」ということです。

利用者さん同士の関係の中では、奇妙な行動をとる人を、「あいつはおかしい」と批判することもあります。そういう時は「別に周囲に大きな迷惑をかけるわけでもないし、いいんじゃないかな」などと言って、周囲との摩擦を解消しながら時間が経つのを待つのです。そうやっていると、次第に周囲の人たちもその行動が気にならなくなり、やがて日常の風景になっていきます。

ある共同居住のAさんは、自分の靴を居室の前に置かずに対面に置く習慣がありました。一見奇妙に見える習慣ですが、そのことによって誰かが傷ついたり、迷惑を被ったりするものではありません。また、裸になって歩いたり、共同の浴室で長い間立ち尽くすこともしばしばありました。理解不能な行動に戸惑って苦情を言う利用者さんも少なくなかったようですが、しだいにそれが日常の風景になり、Aさんが体調を崩して入院すると、「Aさんはいないの？　何だかさみしいな」とまで言われるようになっていました。

奇妙な行動をするAさんですが、いつものAさんがいつものように暮らしている様子がいつのまにか周囲と調和し、皆の日常を支える風景として共有されていたと思われます。

習慣はこころを落ち着かせる

よく考えると、人間は誰でも傍から見れば奇妙だと思われることや、理解不能と思われるようなことを習慣にしているものです。自分でもうまく説明はつかないけれども、何となくそれをしないと気持ちが落ち着かないというものがあると思います。**自分で自分の心を整えるための儀式**(7)のようなものです。

例えばアウトサイダーアートやアール・ブリュットと言われるような作品では、言葉にならないさまざまなこころの世界が、絵であったり、造形であったり、パフォーマンスなどで表現されています。これらは、単に表現が好きだとか楽しいからというよりは「やらざるを得ないものとしての表現」であると言います。

人間が世界と関わって生きていくにあたって生じる**「言葉にならない不安」**に対し、儀式的な行動や芸術は、**心を整え調和させる何かしらの役割**を果たしていると言えそうです。

また、個人の行動に留まらず、正月に初詣に行く習慣だとか、地域で毎年開催されるお祭りなどの文化は、共通の習慣や儀式として共有されているものです。他の文化で暮らす人たちから見れば不思議なものとして感じられるかもしれません。しかしそれもまた共同体の安心を支える大切なものとして、守られ続けてきた「風景」だと思います。

(7)【常同行動・こだわり・パターン化】
『「自閉症」の子どもたちと考えてきたこと』[佐藤幹夫2008] 八四頁。
常同行動もこだわりもパターン化も、私たちが生きていく上で必要不可欠なものであり、むしろ重要なものだということ。これを欠いてしまったならば、生きていくことがたいへん困難になると言ってもいいほど、私たちに備わったはたらきなのだということです。

2 言葉の上乗せから協働作業へ

言葉の上乗せとは

ここで言う「言葉の上乗せ」とは、「ご飯を食べていない」という言葉には「ご飯を食べていないのですね」、「金を出せ」という言葉には「お金が必要なのですね」という言葉を返すことを言っています。

「それってオウム返しをすればいいってこと?」と言われることもありますが、少し違います。大切なのは、相手に「わかってもらえたみたいだな」「わかってもらえそうだな」と思ってもらうことです。**相手の言葉や行動に、「わかりたいと思っていますよ」というメッセージをフワッと重ねるようなイメージ**だと思います。

また、これは〝わかっているふり（演技）〟をするようなことでもあります。認知症の人が、ご飯を食べたばかりなのに「食べていない」と言う場合、支援職員はご飯を食べたばかりだと思っていますが、認知症の人はご飯を食べていないという世界を生きています。支援職員は「本当はさっき食べたばかりなのになぁ……」と思いながら「食べていないのですね」と言うわけですから、演技していることになりますね。

自分は俳優でも女優でもないと思う人もいるかもしれませんが、ぎこちなくてもいいのです。ひとまず演技をしてみると、相手の物語の中にそっと入っていくような感覚になってきます。そしてだんだんと、相手がどのような物語の中を生きているのかが、少しずつですが見えてくるのです。

物語を共有していく

ではここで、一緒に物語を共有していくことについて考えてみたいと思います。

ある利用者さんの買い物の手伝いで、居室で必要な物品の確認をしていた時のことです。歯磨きを買ってきてほしいと言われましたが、棚を見ると新しい歯磨きが2つあります。

「歯磨きがここに2つありますよ」と言うと、「ああ、それは予備の分だよ。僕は昔、船乗りだったからね。長い間海の上だろ。途中でなくなると大変なんだよ。だから今でもスペアがないと不安でね」と言いました。

「そうですか。じゃあ歯磨きも買ってきましょうね」と言うと、予備の歯磨きを見ながらしみじみと語り始めました。「僕は何でもスペアが必要でね。（小指を立てて）これもスペアをつくったら奥さんに出ていかれちゃってさ。自業自得だから仕方ないよ。ちょっと買い物に行ってきますと言ったきり、30年も帰ってこなかったよ。今思えば、買い物に行くにしては荷物が大きかったんだよなあ。いったいどこまで買い物に行っちゃったのかな」と言いました。

支援職員は少し考えてから「きっとたくさん買う物があるんでしょうね」と言いました。すると「そうだね。たくさん買っているんだろうね」と答えて笑っていました。

買い物の品を一緒に考えるという、何でもない生活支援の一場面ですが、このように一緒に何かをしたり考えたりしている時にぽつりぽつりと語られる物語があります。支援職員が一方的に演じているというよりも、演じたり演じられたりしながら新しい物語を一緒につくっているような会話になることは、支援職員の誰もがさまざまな形で経験していることだと思います。**相手の物語と自分の物語が出会った時に新しい物語（過去や未来の新たな意味）が自ずと生まれてくる**のです。

過去の記憶を癒したり（過去の記憶の意味や記憶に貼りついていた感情が少しずつ変わっていく）、**未来への不安**（これからどうなってしまうのだろう）を**期待**（こんなことをしてみたいな、楽しみだな）**に変えていく作業**は、現在の安心生活を協働してつくっていくこのような日常の場面の中で可能になってくるのだと思います。

「相手のことがわかる」とは

これまで、「相手の身になって」とか「相手の世界で演技をしてみる」などと書いてきましたが、ここで少し「相手のことがわかる」とはどういうことなのか、考えてみたいと思います。

支援をしていてよく経験するのは、「**俺の気持ちなんて、どうせお前にはわからないだろ**」と言われてしまうことです。「もっと気持ちをわかってほしい」という思いの裏返しとして言うことが多いのかもしれませんが、「わかるのか」とときかれると、言葉に詰まってしまいます。

例えば、机の角に足をぶつけた時、痛みそのものはぶつけた人にしかわかりません。別の身体である以上、全く同じ経験を同時にすることはできないからです。過去に足をぶつけた経験があれば、その時と同じくらい痛いだろうと考えたり、自分がぶつけた時よりも大きな音がしたからさぞかし痛いに違いないと想像することはできても、**完全には経験を一致させることはできない**のです。

また、これも当たり前のことですが、相手の人生を自分が代わって生きることはできません。どんな人生であれ、それぞれが**自分の人生を引き受けていくしかない**のです。そのように突き詰めて考えていくと、人間はみな孤独だなと感じたり、わかり合うことには限界があると思ったりします。寄り添い支援の「寄り添い」が、ただ横にいるだけの存在として無力にさえ思えてきます。

では、私たち人間は、自分以外の人たちとはわかり合えない孤独な存在なのでしょうか？

目の前で机の角に足をぶつけた人を見て思わず「痛い！」と言ってしまうことがあります。このように他人事ではなくて**自分のことのように感じてしまう場合に「共感」が生まれます**。自助グループ（同じ悩みや問題を抱えた人同士がつながり、お互いに支え合う活動をしている集団）は同じような苦労をしてきた人たちが集まっているので、共感力が高い集団です。同様にピアサポート（同じような立場の人によるサポート）も、同じような苦労をした人による共感的なサポートです。

協働作業

「当事者」という言葉は、ある事態を経験した当人という意味で使われる言葉です。「当事者の気持ちを理解して、きちんとその意見をきいてください」という文脈で使われることが多い言葉でもあります。と同時に、当事者であることと当事者でないことの間には、絶対に渡ることのできない川が流れているような心地のする言葉だと感じます。

一方、ある課題について自らが解決の主体であろうとする姿勢を、「当事者性（がある）」と言います。

机の角に足をぶつけてしまった時、その痛みを共感してくれる人がそばにいれば、それだけで少し慰めになりますが、**大切なのは、痛いという課題を共有して、解決のために一緒に取り組んでくれる人の存在**です。

痛みそのものは同じように経験ができなくても、痛いという課題は共有することができるのです。またぶつからないように机の角にクッションを巻いたり、机を移動したりすることもそうです。傷の手当をして痛みが治まるようにすることも、課題を解決するための作業です。

これを「協働作業」と言います。「協働」とは文字通り一緒に協力して働くことですね。生活支援の中では利用者さんと家事などを一緒にする機会が多いと思います。一緒に部屋の掃除をしたり、重たい物の位置を変えてみたり、壊れたものを修理したり、病院からもらってきた薬を一緒に確認したりすることも協働作業です。イベントの準備を一緒にすることも協働作業です。この**協働作業は、課題や目的を自分と相手とで共有しているからこそできること**ですね。

心理学の分野では、二人の人が同じものを見ているような状況を「共同注視」、その関係を「三項関係」[8]と言うそうです。痛いという課題を第三項として取り出すことができれば、協働関係に移行することができるようになります。そして、同じ課題や目的に向かって作業をしている時には、別々の人生であっても孤独感は少なくなっているはずです。

支援職員と利用者さんとの共感の程度は、それぞれの人生経験によってまちまちだろうと思います。それでも、**一緒に考えて一緒に動いてくれたという関係が、「自分のことをわかってくれた」という感覚をもたらす**のではないかと思います。

（8）【三項関係】

『「私」というもののなりたち』［浜田寿美男　1992］七九頁。

　三項関係、つまり人と人とがあるもの（あるいはこと＝テーマ）を共有するという関係（七九頁より抜粋）。

　同じひとつのものに目を注いでいることが三項関係になるためには、お互いがそのものに目を注いでいることを確かめ合い、そこである気分を味わい、有る経験を行なっていることを、相互に確認しているのでなければなりません（八〇頁より抜粋）。

3 自傷・他害（パニック）の時には「抱き合い喧嘩」

パニックへの対応

「パニックの時には抱き合い喧嘩」というフレーズ（後で説明します）ですが、これも人によってイメージがいろいろあるようです。まずはパニックとは何かということから考えたいと思います。

パニックとは、予期しない突発的な出来事や事件が引き金になって発生し、感情的になって物を投げたり、暴力を振るったり、自分自身の身体を傷つけるようになることです。

パニックでは、**本人と周囲の安全を確保することが最優先**となります。リスクのある時には応援を呼んで対応できるように、「**場の設定**」をしていくことが大切です。「場の設定」とは**職場の仲間と協働して問題解決をしていくこと**です。

また、「**安全を確保しながら、本人が落ち着くまで付き合う**」のが、パニックが起きてしまった時の基本的な対応になります。具体的な対応方法は個別に工夫する必要があるので、ひとりで考え込まずに上司や周囲の職員と解決の場を持つようにしましょう。

ふるさとの会には「**トータルプラン**」というものがあります。「トータルプラン」とは、**予測される困難にどのように対応するのかを、皆で話し合って決めておく**ものです。予測される困難には、前記のパニックも含まれます。その場その場で慌てることなく、問題が起きた時にスムーズに協力体制（誰が応援に駆け付けるか、連絡の手順など）を取るためのプランです。

利用者さんがパニック状態になってしまった時に、どのように対応するかを担当職員が具体的にイメージして、「この方法だったら対応できそうだ」と見通しがつくことが大切です。パニックをどのように考えるのかについて悩む場合も多いと思いますが、課題図書である『「自閉症」の子どもたちと考えてきたこと』［佐藤幹夫 2008］に多くのヒントが書かれていますので、よく読んで参考にしてください。

パニックの原因

はじめにパニックが起きた時の対応について書きましたが、次にパニックの原因について考えていきたいと思います。『「自閉症」の子どもたちと考えてきたこと』にも書かれていることですが、**パニックは何より本人がとてもつらい状態**なのです。

パニックの原因には、**きっかけ**になったものと、**背景に抱えていた問題**とがあると思います。パニックそのものと、その直接のきっかけだけにしか目が向かないと、「とにかくパニック行為を抑え込もう」という発想になり、だんだん管理的になってしまいます。「事態を悪化させないためにとりあえず**どう対応しようか**」ということと、「そもそもの**原因は何だろうか**と掘り下げて考えていくこと」は**同時並行で検討する**必要があるのです。

パニックだけに言えることではありませんが、困った事態の背景を考えずに表面的な現象だけに対応していると、もとにある問題が解決に向かいません。そのため、ひとつの事態がおさまったと思った後に、別の形で問題が表れ、もぐらたたきのような状態になってしまうことがあります。この場合、対応している職員はだんだん振り回されているような感覚になり、利用者さんとの関係が悪化してしまいます。このような状況を避けるには、どうしたらいいのでしょうか?

ふるさとの会の支援を必要としている利用者さんの多くは、過去にたくさんのつらい経験をしています。支援職員にもそれぞれの人生経験がありますが、職員の個別の経験だけでは利用者さんの困難を推測しきれないこともたくさんあります。ですから、**利用者さんの生育歴を知ること**、利用者さんの生活歴からその人がどんな体験を積んできたのだろうと考えていくことが、背景として抱えている問題を理解することにつながります。

把握している限りの生育歴をまずは知ること、これまでの**支援記録を読み返すこと**、現在関わっている**職員が集まって話し合うこと**の3つを通して、根本となっている原因を検討していくことが大切だと思います。

原因はひとつだけとは限りません。いくつかの仮説が出てくると、対応方法も検討しやすくなるでしょう。また、ケア研修では、生活史の理解をするための項目が含まれています。虐待や被暴力の経験、生きづらさを抱えた人たちが置かれやすい心理状況などを学ぶことは、パニックの背景を考える上で大変役に立ちます。

ただ、このように根本となっている原因をいろいろと考えてみても、なかなかすぐにわからない場合も考えられます。見通しの立たない状態に置かれ続けた時には、支援職員も同じようにパニック状態になってしまうものです。そういう時こそ仲間の支えが必要ですし、トータルプランを見直したり、つくり変えたりしていくことも重要になります。

その際、「とりあえず事態を悪化させないためにどう対応するか」という支援の枠組みは、できるだけシンプルで明快なものにすることです。そして「そもそもの原因は何だろうかと掘り下げて考えていくこと」は、結論を焦りすぎずに、じっくりと取り組んでいくことが大切だと思います。

抱き合い喧嘩——腰を据えて付き合う

パニックについて長くなってしまいましたが、「抱き合い喧嘩」について考えたいと思います。この「抱き合い喧嘩」という言葉は、いかにも「身体を張ってます！」という印象が強い言葉ですね。しかし、「抱き合い喧嘩」の本質は決して身体を張ることではありません。時には安全を確保するために身体をつかって抱き留めたりすることが必要になることもありますが、それは「抱き合い喧嘩」のごく一部分でしかありません。

これもまた「問題行動を抑制しない」と同様に支援者自身の気持ちのあり方の部分が大きいと思います。「抱き合い喧嘩」という言葉は、「**抱き合いながら喧嘩をするように**腰を据えて付き合いましょう」という、ふるさとの会独特の造語です。一般的に言えば、キーパーソンの役割のひとつだと考えられます。

キーパーソンとは、英語の「Key（キー）」＝「鍵」と「Person（パーソン）」＝「人」を組み合わせた言葉で、本人にとって「**この人といれば大丈夫**」と思えるような〝信頼のできる重要な人物〟という意味だと理解してよいと思います。

例えば言葉の通じない外国に行った時に、通訳ガイドさんがいれば安心ですが、通訳ガイドさんがいなくなると、とたんに不安になってしまいますね。急にわからない言葉で話しかけられたり、何が起こっているのか、自分が安全なのかどうかもわからない状態になったりしたら大変です。この場合、通訳ガイドさんはキーパーソンと言えます。

また、幼い子どもが親とはぐれて迷子になってしまった時も、親というキーパーソンがいないために大泣きしてしまうことになります。予測のつかない環境の中でキーパーソンがいないという事態は、単に「さびしい」とか「不安」ということに留まらずに、「**生存の危機**」として体験されるような、切羽詰まった状態だということが想像できると思います。

ふるさとの会の支援の現場において、特に言葉によって自分の気持ちや状況を伝えられない人は、キーパーソンとなる人がそばにいないと、不安や混乱が増大してパニックになってしまうことが少なくありません。「基本的信頼関係」の項で「待つ」時期があると書きました（26ページ）が、この時期はキーパーソンとなる人が誰もいない状態です。支援が始まったばかりの段階である「待つ」時期にパニックが起こりやすいのは、このためです。

安心するまで、そばにいる

基本的な信頼関係は、「問題行動を抑制しない」「言葉の上乗せから協働作業へ」で書いたように、相手の気持ちを考えながら付き合いを続けていく中で、「**この人は自分をわかろうとしてくれているみたいだな**」「**ここは追い出さないで話をきいてくれるところだな**」と思ってもらうことで、だんだんと築かれていくものだと思います。

もうひとつ重要な変わり目があります。それは、**パニックの時にそばにいてくれたという体験**です。「自分が混乱してどうしようもなかった時に、安心するまでそばにいて付き合ってくれた」という体験が、**基本的な信頼関係の構築**に大きく影響します。

利用者さんが不安定な時に、おっかなびっくり腫れ物に触るような態度や、腰が引けた状態でしか向き合うことができないと、いつまでたっても信頼関係は構築できません。また、パニックを繰り返してしまうことにもなります。不安定な状態の時に付き合うのは大変ですが、

長期的に考えれば、最初の段階で腰を据えて付き合ったほうが、結果的に基本的信頼関係づくりはスムーズに進みます。基本的信頼関係が育ってくれれば、その後の生活上のさまざまな困難を一緒に乗り越えていくことができるようになります。パニックにならずに済むことも多くなるでしょう。

パニックが減っていけば、一緒に生活をしていく上で必要となるルールの共有も、格段にスムーズになっているはずです。

例えば、信頼できる人が言っている考えを、そのまま自分の考えや行動などに取り入れている場合があります。浜田寿美男先生が『「私」とは何か』の中で「敷き写し」と表現されているものに近いのではないかと思うのですが、「**Aさんが言うなら、そうしてみようかな**」ということです。

ルールを共有する場合、その時点ではルールの意味や必要性は理解していなくても、「自分が信頼しているAさんが言うのだから、きっとそうしたほうがいいのだろう」と思ってルールを守ってくれる、そういう段階だと言えると思います。

ここからさらに発展して、「職員のAさんが、ここではお酒は飲んではいけないと言うから飲んでいない」という状態から、「隣のBさんはアルコール依存なので、お酒のにおいがしたら大変なことになる。みんなで飲まないようにしようと決めたから飲まない」という状態に移行できれば、ルールを守るということが受動ではなく、**ルールの意味や必要性を理解した上での自発的な意志としての行動**になっていきます。

ミーティングによるルールの共有については、次章でじっくりと考えていきましょう。

寄り添い支援

基本的信頼関係の構築はなかなか一足飛びにはできないことが多いですし、行きつ戻りつの揺らぎを経ながら少しずつ積み重ねていくものです。さりげなく見守ることもあれば、がっちりと向き合うことが必要な場面もあると思います。支援のあり方は一見、違っていても、相手の気持ちに寄り添っているという意味では同じです。

①問題行動を抑制しない、馴染むまで「待つ」(風景化)
②言葉の上乗せから協働作業へ
③自傷・他害（パニック）の時には「抱き合い喧嘩」

という3つの指針は、どれも**相手の気持ちに寄り添うことが共通の土台**となっており、信頼関係を構築するための重要なコンセプトです。

キーパーソンの相対化

支援職員がキーパーソンとしての役割を果たすことは、本人が困ったり混乱したりした時に「この人といれば大丈夫」と思うことができ、あらゆる場面でその後の生活の安定につながります。支援職員がまず取り組まなくてはならないことは、**キーパーソンとして基本的信頼関係を築く**ことです。

その次に重要になってくるのは、キーパーソンを別の人物でも担えるように**（交代できるように）徐々に相対化していく**作業です。この相対化していくという方向性を持てるか持てないかは、ふるさとの会の対人援助論で最も重要なことだといっても過言ではないと思います。

ふるさとの会の地域生活支援を語る時に「**生涯お付き合い**」という言葉が使われることがよくありますが、どのように思われるでしょうか?

「生涯お付き合い」ときいて、「一生ここで骨をうずめるようにと言われているのかな」と思う職員もいますが、そうではありません。当然ながら職員の入れ替わりはありますし、配転もあります。現実には人生の中のほんの一部分のお付き合いでしかありません。

　ですから、社会から排除され、生活困窮となってふるさとの会を利用するに至った利用者さんが、毎日の生活に困らずに希望を持って生涯生きていけるように支援するには、支援職員個人ではなく、同じ生活空間を共有している人たち同士の**互助関係によってお互いに支え合えるように**していく必要があるのです。

　ふるさとの会が力を注いでいる「互助」とはその名の通り、お互いに助け合うことです。それは、安心生活の「安心」が、特定の人の存在による「安心」から互助関係に支えられることによる「安心」へと広がっていく必要があることを意味しています。

まとめ
支援論1　基本的信頼関係を構築するためのポイント
①問題行動を抑制しない、馴染むまで「待つ」(風景化)
②言葉の上乗せから協働作業へ
③自傷・他害（パニック）には「抱き合い喧嘩」

【第4章】
生活づくりの主体になるための互助関係（対人援助Ⅱ）

第3章では、どのようにして基本的信頼関係をつくっていくのかについて考えてきました。基本的信頼関係を構築することで「何かあった時にSOSを伝えてくれる」ようになり、パニックに至らずに済むことも多くなってきます。しかし、次に新たな悩みが登場することがあります。それはお互いの関係が親密になったことによる「**共依存**」についてのものです。

1 二者関係の中で起こってくる問題としての「共依存」

関係づくりが進んでくる中で、「○○さんは依存が強くなってきている」という悩みがきかれることがあります。実際にどのような事態になっているかというと、利用者さんが何らかの要求をしてきて、その要求に応えられないと、支援職員が傷つくようなことを言ったり、困るようなことをしてくるというものです。距離を置こうとすればするほどトラブルが起こるような状況となり、**支援職員にとっては「重たい」と感じられる**関係です。

もうひとつ困った場合があります。それは、職員が「自分が一番この人のことをわかっている」と思って、他の職員がなかなか介入できない状況になる場合です。職員が交代となる時、**利用者さんは裏切られた気持ち**になったり、不安が強くなったりして、次に担当する職員の関わりがとても難しくなります。

この2つの事態は時々起こる問題でしたが、**二者の関係性が固定化すればするほど解決が難しくなる**ことがあるため、常に念頭に置いておく必要のあるテーマです。

基本的信頼関係とは、利用者さんと支援職員との間につくられる「この人といれば大丈夫、安心」という関係です。しかし、この関係ができた次の段階では、それぞれが抱えていた「こころの問題」によって、二者関係がだんだんと苦しいものになってしまうことがあるのです。

この「こころの問題」は簡単に語ることはできないと思いますが、心理基盤が安定していないという共通した問題が根っこにあるように感じられます。

では、二者関係の中でどんなことが起こっていると考えればいいのでしょうか？　少しまわり道になるかもしれませんが、こころの問題や病（やまい）というものについて少し考えてみたいと思います。どうしてここで「病」について考える必要があるかというと、「症状」というものをどのように捉えるかによって、対応（支援のスタンス）が違ってくるからです。

解決すべき課題は何か

「問題行動を抑制しない」の項（17ページ）で、自分にとって「困った事態」＝「他者」に対してどのように対処するのかというのが、ひとつの重要なテーマだと書きました。

例えば「病気」の症状も自分の意志に反して出てくるものですね。風邪をひいて熱が出た時、熱という症状はつらいものです。足を骨折した時に患部が痛み、パンパンに腫れてしまう時もそうです。症状はとてもつらいものであって、できるだけ早く取り去りたいものです。しかし、身体がウイルスで攻撃されている時に熱が出るのは、熱によってウイルスを退治するためでもあります。

熱が出たら、身体を休めて免疫力を高めることが重要です。また、骨折している時に患部が腫れるのは、これ以上動かして悪くならないようにする意味があると言われています。身体が自分で、患部が動かないようにギプスをつくっているような状態です。もし腫れたり、痛まなかったりすれば、怪我をしたことに気が付かずに走り続けて悪くなってしまいますね。

これと同じように**問題行動と思われるような行動も、「こころがこれ以上ダメージを受けないための行動」**だと考えることができるのではないかと思います。つまり、問題行動そのものが課題なのではなくて、**解決するべき課題は、もっと根っこの部分にある生活環境や人間関係かもしれない**ということです。

二者関係の中に「第三項」を構築する

生活支援には、さまざまな「**つらい症状**」に付き合うことが含まれています。これらのつらい症状には、「今までの生活の仕方だと無理があるみたいだよ」「今までの人間関係では不安が大きいよ」などという、**自分のこころや身体からのSOSが含まれている**と考えることができます。**このメッセージを「第三項」**（31ページ）**として取り出して**、今後の生活環境や生き方や人間関係などを一緒に見直していくことができないと、前記のような固定化された二者関係になってしまう恐れがあると考えました。つまり、**「第三項のない二者関係」が共依存につながりやすい**ということです。

表面に出ている問題を「症状」と考えると、表面に出ていることだけを抑え込もうとしても、また別の問題が出てくるようになると書きました。対症療法だけをして根治療法をしない状態です。

たとえば、歯医者さんに行くと麻酔をして虫歯治療をしてくれます。麻酔をしないで神経の近くまで削ったら痛くて大変なことになります。虫歯治療をせずに麻酔だけをする歯医者さんがいたとしたら、麻酔が切れたとたんに痛みます。歯医者さんによる麻酔が頼りの生活になってしまいますね。虫歯治療をせずに麻酔だけをする歯医者さんはいないと思いますが、支援の現場では同じような状況になってしまうことがあるのだと思います。

利用者さんの中には、こころの痛み（不安や恐怖）という症状を抱えている人がたくさんいます。そして基本的信頼関係を軸とした二者関係には、このこころの痛みを和らげる作用があると思います。不安が和らいで、とりあえずの安心を得ます。しかし、不安の原因はなかなか言葉にできないものです。「とりあえず痛みを止める麻酔は打ったけど、痛みの原因はわからない」というような状態になることがあります。

相手の存在が自分にとっての痛み止めのような存在になった時に、どうしても離れられない状態になってしまうのではないかと考えられます。

「共依存」はずっと悩まされてきた問題ですが、単に「共依存はいけないので気を付けましょう！」「適切な距離をとりましょう！」などと呼びかけるだけでは太刀打ちできない問題ではないかと感じてきました。

利用者さんと良好な信頼関係を築こうと熱心に関わる

職員が二者関係の中で行き詰ってしまうことはよくあることですし、関係づくりが前進する中で起こってくる問題でもあります。**「基本的信頼関係を軸とした二者関係の中に第三項を成熟させてゆくこと」**が解決の道だと考えています。

2 トラブルミーティングとルールづくり

生活支援の中ではさまざまな**人間関係のトラブル**が起こります。共同居住でも独居でも、周囲の生活音（騒音）に関するストレスがきっかけとなってトラブルになることが多いようです。その他にも、トイレや浴室の使い方、ごみの出し方、タバコの吸い方、挨拶をするしない、冷蔵庫の物の置き方や紛失、お金の貸し借りなど、例を挙げたらきりがありません。生活の仕方やコミュニケーションの取り方などで齟齬が生じると、喧嘩や暴力問題にまでなってしまうこともあります。

利用者さんの間で喧嘩が起こった時、支援職員は仲裁役となって、両者の事情をききながら仲直りできるように介入します。すれ違う時にぶつかってしまった場合など、単発的な齟齬による喧嘩であれば「お互いに感情的になってしまった」などと振り返って、仲直りできることも多いと思います。

しかし、毎日の生活スタイルの齟齬となると、もう少し面倒です。些細なことであってもストレスが蓄積して、「あいつを追い出すか、俺が出ていくかのどちらかだ。お前（支援職員）はどっちの味方だ？」という話になってしまう場合があります。**「どっちの味方だ？」**と問われたら困ってしまいますね。間に挟まれた支援職員は次第に両者の間を行ったり来たりしながら説得する格好となり、説得しようとすればするほど解決できなくなってしまうものです。

また、「**あいつのことばかり世話をして、**俺のところにはちっとも来てくれない」という不公平感が原因となって、トラブルになることもあります。支援職員との関係の良さをアピールすることで、他の利用者さんよりも優位な立場になりたいと振る舞う利用者さんもいます（集団の中で優位であることを実感できないと安心できないことがあります）。

こうした集団の人間関係の中で起こってくる悩みは、支援職員の多くが経験していることではないかと思いま

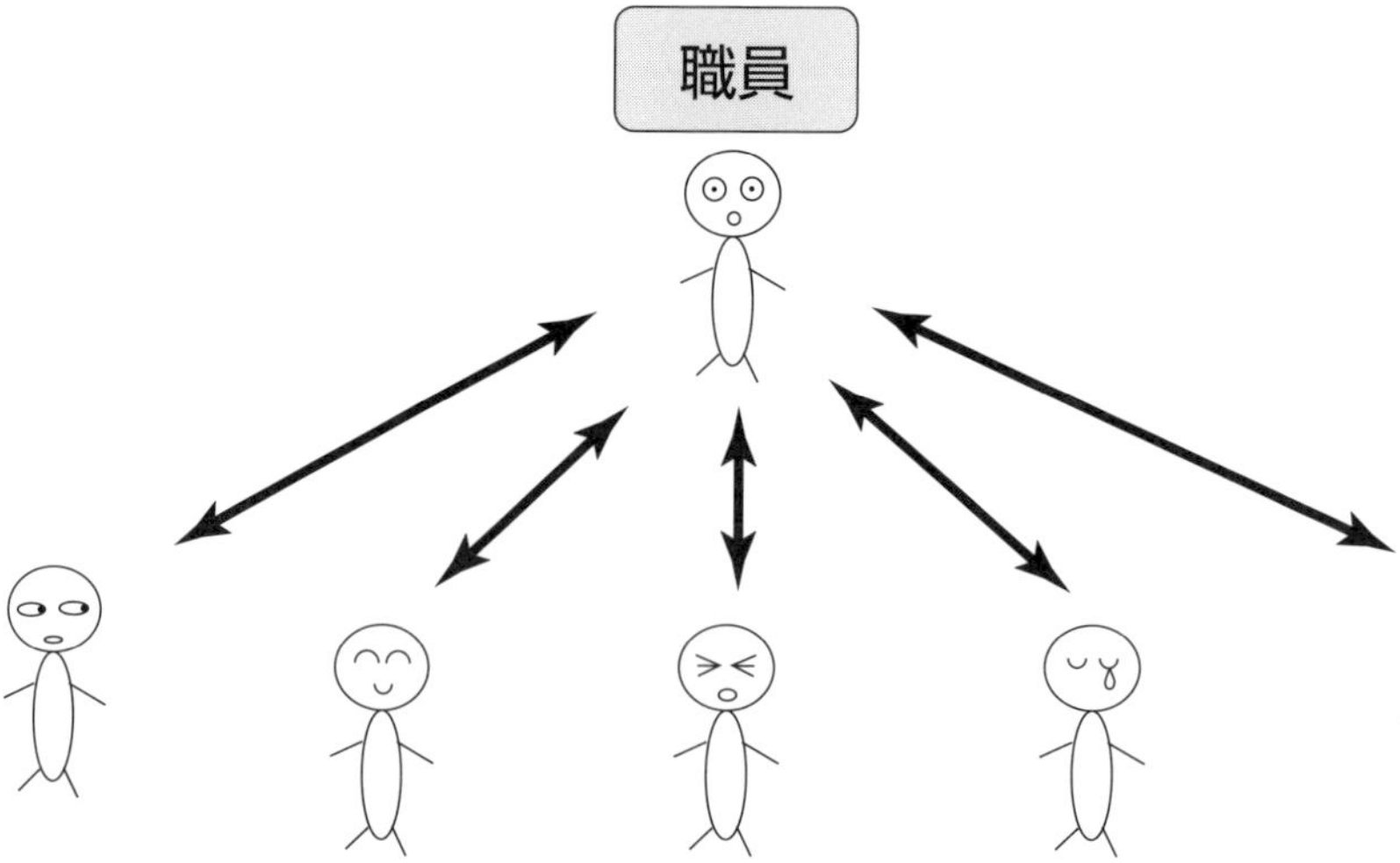

す。では、どのようにこれらの事態を考えたらいいでしょうか。

上の図を見てください。支援職員と利用者さんとの1対1関係の枠組みしかなく、かつ利用者さん同士の共同性がない場合、それぞれの利用者さんと良好な信頼関係を築いていたとしても、同じ空間で過ごしている利用者さん同士はバラバラの存在です。このような関係性になっている場合には、前記のように「あちら立てればこちらが立たぬ」の状況に悩むことになります。

そこで、現場で困惑することの多い「**暴力やいじめの問題**」と「**飲酒トラブル**」という、2つの事態について考えてみたいと思います。

なぜ暴力を振るうのか

　暴力は人間同士のトラブルの中でも最も深刻なものです。暴力を振るっている人は自傷他害のパニック状態になっていることが多いですし、暴力を振るわれた人は当然ながら恐怖に晒されてしまいます。身体的な暴力だけではなく、言葉の暴力や相手を脅したり威嚇したりする行為も放置してはならない問題です。

　暴力やいじめ問題が起きた時にまず考えなくてはならないことは、「**安全な場所を確保すること**」と「**最も弱い立場の人を守ること**」です。ミーティングを開いて「ここは安全な場所ですよ」ということをあらためて確認する場が必要となります。

「暴力はいけない」という当たり前のことをなぜあらためて確認する必要があるかというと、それまでの人生の中で暴力的な環境に日常的に晒されてきた人たちが少なくないからです。家庭内暴力や虐待環境にあった人、学校や職場などでいじめを受けてきた人など、生活の中で他人に傷つけられながら居場所を失ってきた人たちにとって、「暴力やいじめがない」「誰かに守られている」という前提は簡単に崩れ去ってしまいます。

　いつ誰にやられるかわからないと、戦々恐々として生活をしてきた利用者さんの中には、護身用のナイフを持っている人もいます。共同居住などの共同の場所で危険物を持っていることがわかった場合には、速やかに危険物を預かることになります。と同時に、護身用の凶器を持つ必要のない安全な環境を保証して、それを実感してもらわなくてはなりません。

　しかしながら、暴力が発生してしまった後に、職員が一方的なスローガンを掲げて「暴力はいけません」「いじめはいけません」などと利用者さんに伝達しても、あまり説得力がありません。具体的なAさん、Bさん、Cさん……といった、実際に一緒に生活をしている人たちと自分自身が入っている「場」で、「やっぱり暴力のない生活が必要だよね」という**共通のルールが確認**されてはじめて、実感になるのだと思います。

　ふるさとの会を利用する人の多くは、強い立場の人たちから馬鹿にされ、いじめられてきた経験を持っています。理不尽な経験や屈辱的な経験が重なっていく中で**被害的な感情を強めてしまっている**場合も少なくないと思われます。

また、自分の経験してきた屈辱感を、目の前の人間関係の中で解消するような形で再現してしまうこともあるのだろうと思います。勝つか負けるかという人間関係の中で、強い立場だと思われる人に取り入ってしか自分を守る手段がなかった人生であれば、集団の中での上下関係や、その中での自分の位置は重要なものとなります。自分よりも弱い立場の人に暴力を振るっても、当然ながら過去の屈辱感が簡単に解消することはありません。ですから放置すれば、しだいにエスカレートすることになります。

「生意気な人間は殴られて当然だ」「のろまな人間はいじめられても仕方がない」など、本人の「自分もそうされてきたのだから」という被害感情の裏返しとして、他害行為が正当化されてしまっている場合もあると思います。

暴力を振るってしまった利用者さんにはその理由があるわけですが、他人を傷つけるものである以上、それをよしとするわけにはいきませんね。暴力を振るってしまった理由をきくと同時に、暴力を振るわれた側の心情を想像してもらうような機会をつくることが大切です。いじめられたり暴力を振るわれたりした側の気持ちを知ることをきっかけにして、**暴力というものが自分にとっても他人にとっても理不尽なものだったことに気づく**ことがあります。

ミーティングで共通のルールをつくる

暴力を振るってしまった人と「暴力はいけない」というルールを共有するのは難しいのではないかと思われがちですが、「暴力はいけない」というルールは、同じ場所を共有する人たち全員が守るルールです。「自分が暴力を振るってはいけない場所」は、同時に「他人から暴力を振るわれることのない場所」でもあります。

暴力という手段で問題解決を図ることは、自分にとっても他人にとってもよくないことかもしれないと思えてきたような段階で**ミーティング**を開くことができれば、暴力を振るった本人を含めて「暴力のない環境にしよう」という共通のルールを確認していくことができます。

加害者が被害者に謝罪する、和解するという作業は必要ですが、1対1関係がバラバラに存在するだけでは、勝つか負けるか、許すか許さないかという人間関係の中で生きていることに変わりはありません。しかし、ミーティングを開いてそれを皆の**共通のルールにすることで**

共同性がつくられます。

共同性ができるということは、**それまでの人間関係の次元が変化する**ことを意味しています。共通の土台（共同の場所とルール）を皆で共有していること、そのルールは皆が話し合った**合意によってつくられている**こと、**齟齬があればいつでもつくり変えていける**ことが大切です。そして**自分がそのメンバーの一人であると実感できる**こと、そのことによって、**新しい生活環境をつくる主体になることができる**ようになります。

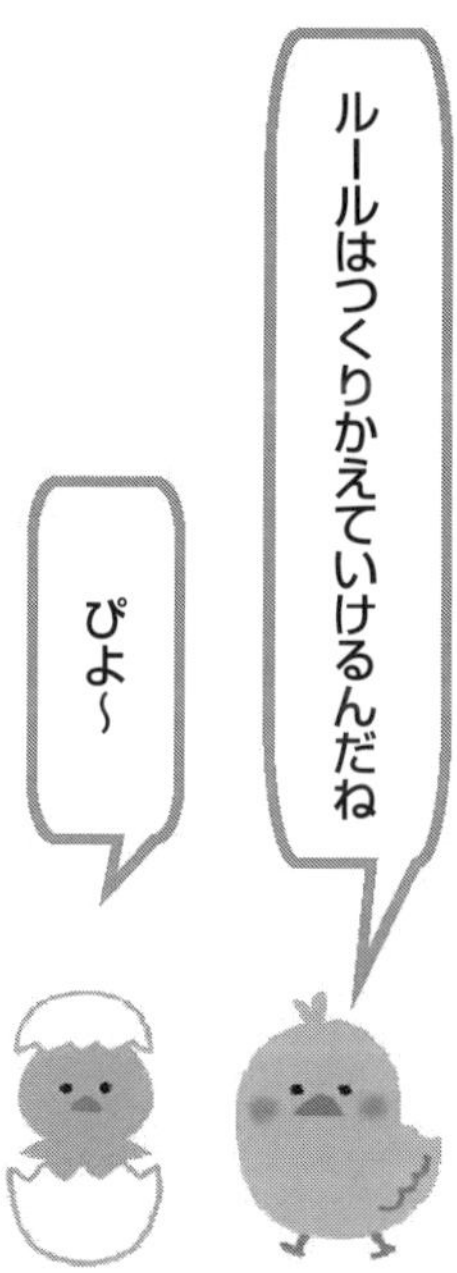

人間はひとりでは生きていけません。「ひとりでは生きていけないが、かといって相手に合わせて生きようとすると自己が壊れてしまうような状態」を、「去るも地獄、残るも地獄」の状態だと言います。これには周囲の人間関係や生活環境を自分の力では変えることができないという前提があります。環境は不変であり、それに適応できるかできないかという世界ですね。このような世界観の中では、自分に対しても他人に対しても破壊的な関わりになってしまいがちです。

しかしながら、暴力の問題をはじめ、冷蔵庫の使い方、ごみの出し方など、具体的なルールを皆で考えてつくり、工夫していこうという方向性でミーティングを重ねていくと、だんだんと受動的な感覚から能動的な感覚へと変化していきます。

自分の気持ちを表現し、それを周囲の人たちに受け取ってもらう。そういうやりとりをしながら、一緒に生活環境を変えていくことができるという実感を持った時、はじめて「ここでやっていけそうだな」という本当の「安心」が得られてくるのだろうと思います。

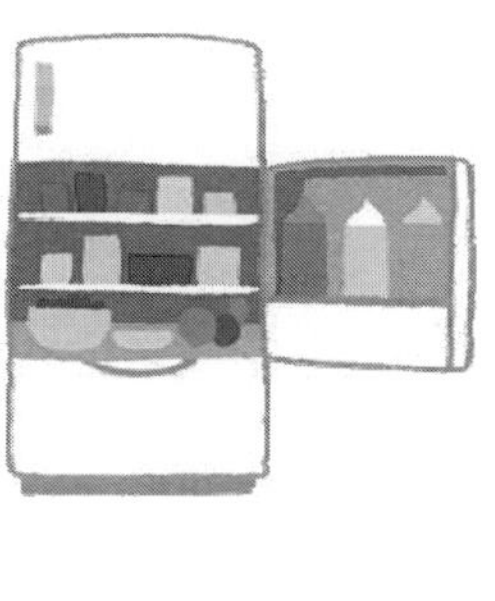

互助関係の中で生きていくために

ここで再度、飲酒問題について考えてみましょう。ミーティングをする際、皆が生活しやすい環境にするためにはどうしたらいいのかを考える時には、**最も弱い立場の人が生活し続けることができるような配慮と工夫が必要**です。弱い立場の人を守ろうという雰囲気が感じられることによって、自分の身体が弱っても守ってもらえるところなのだなと思うことができます。

先述の通り、ふるさとの会の共同居住が禁酒なのは、社会の中でアルコールのことを考えなくても過ごせる場所を必要としている依存症の人を守るためです。アルコール依存症の人の中には、テレビのＣＭでビールの宣伝を見ないようにと、日々緊張しながら生活している人もいるくらいです。ですから、酔っ払った人が近くを通ってアルコールのにおいがする環境は地獄と同じです。アルコール依存症という診断を受けたことがなくても、お酒で苦労している人は多いですから、ミーティングを開いてそれぞれの苦労話を共有すると、「やっぱりお酒はやめよう」「禁酒のルールを継続しよう」という結論になります。

しかし、ルールを決めれば一件落着とはいきません。**ルールはかならず破られますから、その後の対応が大切**になります。皆でルールをつくって、それを守れない人は出ていくしかないのでしょうか？　それでは排除のためのルールづくりになってしまいます。自分も含めて皆で決めた納得ずくのルールですから、自分が決めたルールを自分で破ってしまっているような状態です。

「俺はだめな人間だ。追い出してくれよ」という話になることもあります。自暴自棄で、荒んだ気持ちになっていることが多いので、そういう時には、「一緒に生活するにはどうしたらよいのだろう」という思いを伝えながら、飲んでしまった理由をきいていきます。するとさまざまな理由が語られると思います。言い訳と思われるようなことでもいいので、きいていきます。

「今日はＡＡ（アルコール依存症の人たちの自助グループ）で一日頑張ったので、帰りに飲んできました」と言う人もいます。**ここで大切なことは、言い訳をしながら、飲んでしまう理由を本人があれこれ考え始めることです。**自分では飲まない方がいいと思いながら飲んでしまったのですから、何らかの不安や困難を抱えているはずです。

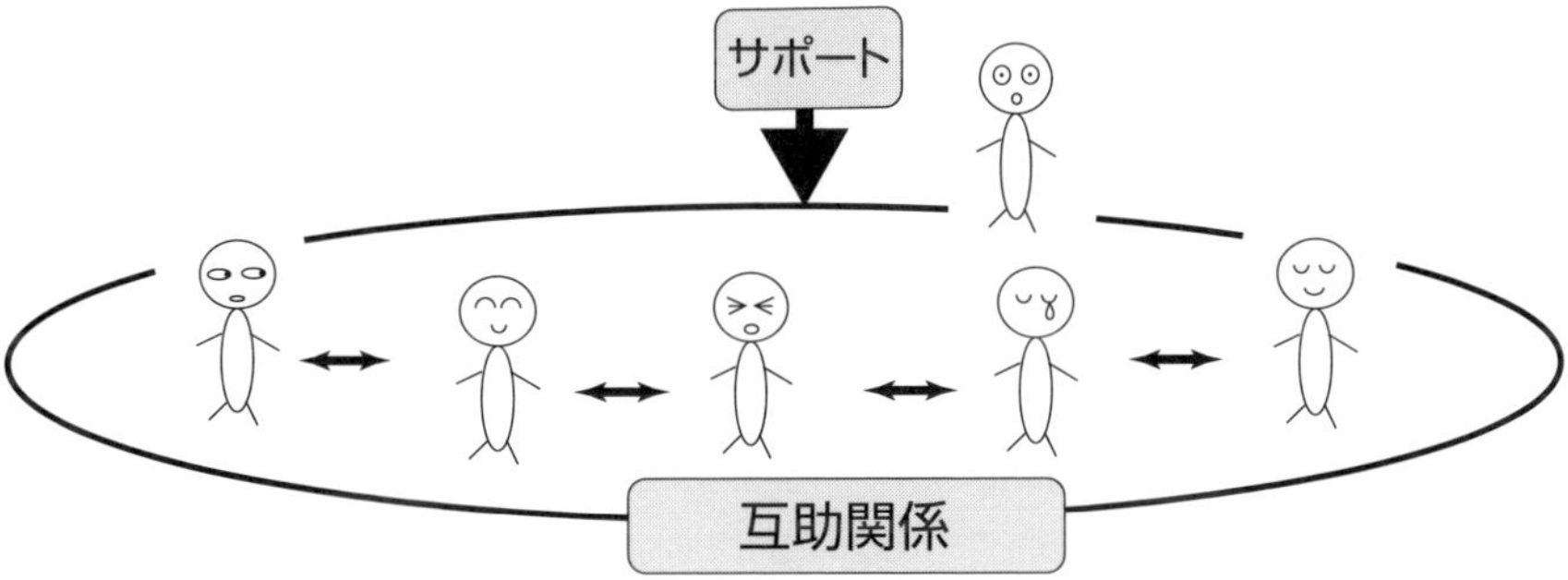

その困難をミーティングで話してもらうこともできます。「テレビでビールの宣伝を見てしまったから」「あの酒がうまい、この酒がうまいという世間話が聞こえてきたから」「ラジオの音がうるさくて眠れなかったから」「息子のことを思い出してさびしかったから」「アパートが見つからなくてイライラしていたから」「病院に付き添いがいなくて不安だったから」などいろいろな理由が語られると思います。その中で、その人がどんなことを考えて生活しているのか、どんな人生を生きてきたのかを共有することができます。そして、「こういう環境だったら飲まないでいられるかもしれないな」という要望を語ってもらえるようにします。

これは、本人の要望をそのまま無条件にきき入れるということではありません。その人が**どうしたら互助関係の中で共に生きていけるようになるか**を皆で考えて、支えていける人間関係や生活環境を話し合うことです。

お互いの事情がわかると、それに配慮する気持ちが自ずと生まれてきます。「依存症のＡさんの前ではお酒の話題は避けよう」という配慮が出てきます。「共同で見ているテレビでビールのＣＭになったらチャンネルを変えよう」とか、ちょっとした配慮ですが、Ａさんにとっては大きな変化です。Ａさんが眠れない原因だと言ったラジオを聴いているのが耳の遠い利用者さんだとすれば、多少大きい音量になるのは仕方がないと思えたり、「22時以降はイヤホンにしよう」という共通のルールをつくっていくこともできますね。どちらが勝つのかではなくて、お互いの安心生活が成り立つような、折り合いの付く方法は何かを考えていくのがミーティングです。

「去るも地獄、残るも地獄」の世界を生きてきた人たちにとって、**周囲の環境を主体的に改善できる「場」が保証されていること**は大きなことです。「自律」とは自分で自分を律することですが、自分の生活環境を主体的に変えていけるという感覚が意志を育み、**自律的な人生の基礎**となると思います。

3 役割分担と合意形成

ここからは合意形成のための利用者ミーティングについて考えていきたいと思います。法人全体で取り組んだ夜間禁煙ミーティングを例にして、納得ずくの合意形成をどのようにして行なうことができるのかを確認していきましょう。

ルールを変更した事例

ふるさとの会は、木造の共同居住が多いため、多くの利用者の命を奪う可能性のある防災に関しては厳しく対応してきました。居室喫煙は重大なルール違反となり、それだけは退所の条件として譲ることができませんでした。しかしながら、ある時、夜間の火災リスクについて調査した際、夜勤者が眠っている時間帯に利用者さんが寝ぼけながら喫煙している実態があることが明らかになりました。「夜勤者さんがいるから大丈夫だろう」と考えていたのは幻想で、居室喫煙がなかったとしても夜間の火災リスクは大いにあったのです。

そこで、夜間の火災リスクを防ぐ対策が早急に必要となりました。夜勤者が仮眠をとらずに起きている体制にするには人件費が必要であり、捻出できません。火災があっても燃えない建物につくり替えることも資金がなく不可能です。喫煙者を全て退所させてしまっては、排除による解決になってしまいます。「共同居住の全ての利用者さんに夜間禁煙をしてもらう」というのが現実的に可能な唯一の方法だと思われました。これまで夜間の喫煙は、喫煙所であれば禁止していなかったため、ルール変更のための合意形成が必要となったのです。

このルールの変更を法人全体の方針として決めてから、それぞれの事業所でミーティングの方法が検討されました。職員の心配で多かったものは、「喫煙者から反対が強く出るのではないか」「居室でこっそり喫煙する利用者さんが増えて火災リスクが高まるのではないか」ということでした。こっそりと居室喫煙するというのは、ルールの変更に納得できていないからです。

そこで夜間禁煙ミーティングの目標は「一方的にルールの変更を伝達するのではなく、**皆の納得のもとにルールを変更すること**」となりました。きっとAさんは大反対するだろう、Bさんは禁煙賛成者として話し合いをリードしてくれそうだなど、さまざまなシミュレーションをしながら夜間禁煙のための防災ミーティングが始まりました。

そもそもこのルール変更の目的は「火災で皆が危険にさらされることを防ぐこと」です。夜間禁煙というルールは絶対的なものではなく、あくまでも現時点で最善だと思われるルールの提案ですので、ミーティングの中で新しい案が出てくる可能性もあります。その新しい案によって皆の安全が守られるのであれば、当初の提案と違うルールが決まっても問題ありません。**利用者ミーティングで最も大事なことは、そもそもの目的の達成（安全の確保）であって、既に決まっているルールの承諾ではないこと**を理解しておく必要があります。

この夜間禁煙ミーティングではさまざまなドラマが報告されました。喫煙者は多いですし、タバコは禁煙外来が存在するほど依存性のあるものです。利用者さんにとっては生活習慣そのものを変えることが求められるわけですから、ルールの変更は一筋縄ではいかなかったと思われます。

ミーティングを進めていくにあたっては、お互いに相手の気持ちがわかること（非喫煙者や避難が困難な人にとって、火災のリスクはどう感じられるだろうかと考えてもらうこと）を通じて、**共通確認を得られる**ようにしていくことが大きな方針として共有されました。

合意形成のプロセス

夜間禁煙のルール変更の合意が難しい利用者さんには、大きく分けて3つのパターンがありました。

①ルールの内容のよし悪しよりも変更すること自体に混乱してしまった場合

②何らかの規則を押し付けられることへの拒否感が強かった場合

③自分の心を頑なに守ろうとして拒否をしていた場合

の3つです。

まず、①ルールの内容のよし悪しよりも変更すること自体に混乱して拒否的だった場合です。発達障害を持った利用者さんの中に、日課の変更に対する抵抗感の強い人がいました。しかし、ルールを変更しても生活の一連の流れが崩壊するわけではないことがわかってくることで、禁煙に納得できたのではないかと思います。

次に、②何らかの規則を押し付けられることへの拒否感が強かった場合です。これは、反対した利用者さんの中で一番多いパターンだったと思います。これまでの人生経験の中では、ルールは自分を守るものではなく、自分を抑え付けて排除するためのものだという印象が強かったのです。

ミーティングの方法をひと工夫して、最初に防災のビデオや資料を見てから話し合いを進めた事業所では、スムーズにルールを共有できたようです。これは、「禁煙」というルールを提示して、それに従うのか従わないのかという対立的な構図になることを防ぎ、「火災は怖いね」「一緒に防災について取り組みましょう」という**共通の土台（共通項）をはじめに確認してから**夜間禁煙を考えてもらった点が非常に重要だったと思います。

最後に、③自分の心を頑なに守ろうとして拒否をしていた場合です。「なぜ拒否しているのだろう」と考えながら繰り返し話し合いを重ねていくことで、合意できる土台づくりをすること、共通項を発見することが大きな仕事になりました。

自立援助ホームに住んでいたAさんは喫煙者でしたが、火災によって住まいを失って入居した経緯があり、職員はきっと火災の怖さを経験しているAさんは禁煙に賛成してくれるだろうと思っていました。しかし、ミーティングで一番反対をしたのがAさんだったので、職員としては意外な展開となってしまいました。

Ａさんが反対したままミーティングが終了した後に、職員間でシミュレーションを再検討することになりました。そこで話し合われたことは、Ａさんは喫煙者であり、火災の事件の時に犯人扱いされたように感じていたのではないか、だから喫煙者である自分はここに居られなくなってしまうという気持ちになったのではないか、というものでした。

そこで、「非喫煙者」対「喫煙者」という構図は避け、「火災が起きた時にどうやって皆で逃げるか」というテーマに変えてミーティングを行ないました。するとＡさんと同室のＢさんが「自分は同じ部屋の人くらいは助けたい。火事になったら自分はＡさんを担いで一緒に逃げる」と発言しました。その時、Ａさんの顔が真っ赤になって、皆が助け合っていくという雰囲気が共有されました。

それをきっかけにして、Ａさんは夜間禁煙賛成に気持ちが変わり、自身の火災での経験を積極的にミーティングで話してくれるようになりました。それまでのＡさんは「何かあっても誰も助けてくれない。自分の心身を守れるのは自分だけだ」と思っていたのかもしれません。自分の生活習慣を含めて、自分の心は自分しか守れないと頑なになっていたように感じられます。

このような**頑なになった心をほぐすには、共通の土台をつくって敵対的な構図にしないこと**と同時に、**協働作業の役割分担**（どのようにして避難するのかなどの役割関係）が重要なのではないでしょうか。

【まとめ】イノベーションプロセスとしての対人援助論

この対人援助論は完成されたものではなく、日々進化していくものだと書きました。これまでのふるさとの会の経験知から「これは大切だよね」という共通項を取り出して言葉にしてきたのがこの対人援助論なのですが、現場は日々変化しています。これまで出会ったことのない新しい困難にも出会っているはずです。ですから、対人援助の考え方や方法は常に検討され、進化していかないと役に立たないものになってしまいます[9]。

また、この対人援助論はふるさとの会の中だけではなく、広く社会一般の人たちから承認され得るものでなければならないと考えています。自分たちだけで考えている限りでは、独りよがりの援助論になりかねません。ふるさとの会が考えている対人援助について、ふるさとの会以外の人たちからも率直な意見をもらうことができるよう、開かれた援助論でありたいと考えています。

事例検討をするときに、既にある対人援助の形に当てはめて、支援が合っているとか合っていないという議論をしてもあまり意味がありません。この対人援助論で書かれている既存の考え方や方法が、現在の利用者さんの安心生活のために役立つのかどうか、問題解決につながるのかどうかを議論していくと、「これは大切だよね」という内容が深まり、広がっていくと思います。是非、現場の実情をこの対人援助論に盛り込んでください。皆の協働作業で支援を考えていきましょう。

（9）【福祉と社会創造】

『福祉の思想』［糸賀一雄　1968］三七頁。

もっとも理解しにくい精神薄弱の問題を、自分自身の問題として連帯的に真剣に取り上げるような社会が形成されるとすれば、それは社会事態の内面的な変化であり、進歩であり、むしろ教育的革命と呼んでもよいかも知れないほどの大革命である。精神薄弱者のための福祉事業や特殊教育というのは、そのような社会変革の原理を内包している。個々の個人の社会的適応の諸問題を探求しながら、同時に、社会を内側から改造するのである。新しい社会の形成に参加するのである。

参考文献

【文献目録】

粟田主一（2012）：認知症のはじまり、早期診断と初期対応『こころの科学第161号』17-22.

佐藤幹夫（2008）：『「自閉症」の子どもたちと考えてきたこと』洋泉社

佐藤幹夫（2010）：『人はなぜひとを「ケア」するのか』岩波書店

佐藤暁（2007）：『自閉症児の困り感に寄り添う支援』学習研究社（学研）

糸賀一雄（1968）：『福祉の思想』日本放送出版協会

社会・援護局障害保健福祉部企画課（二〇〇二年八月五日）『国際生活機能分類―国際障害分類改訂版―』（日本語版）参照日：二〇一四年二月一二日　参照先：厚生労働省ホームページ：http://www.mhlw.go.jp/houdou/2002/08/h0805-1.html

東京都（2012）：『2011-2020　東京都住宅マスタープラン』東京都都市整備局住宅政策推進部住宅政策課

浜田寿美男（1992）：『「私」というもののなりたち』ミネルヴァ書房

浜田寿美男（1993）：『個立の風景』ミネルヴァ書房

浜田寿美男（1999）：『「私」とは何か』講談社

木村敏（2012）：『臨床哲学講義』創元社

【重要文献】

佐藤幹夫（2008）『「自閉症」の子どもたちと考えてきたこと』洋泉社

ふるさとの会の対人援助論は、『「自閉症」の子どもたちと考えてきたこと』を基本テキストとしながら、会の実情に合わせてまとめてきたものです。同書には、著者が養護学校教論として自閉症を抱える子どもたちと関わる中で、自閉症の人たちの心の世界をどのように理解するのか、パニックをどのように考えるのか等の実践的な支援の考え方が書かれています。特に「ひと―もの―自分」という三項関係における「やり―とり」によって「世界の意味」が編みかえられていくという観点は大変重要なものです。

【解説】ふるさとの会の「対人援助論」
現場で生まれた智恵の普遍的な意義

佐藤幹夫

1　〝ホームレス支援〟からさらに踏み込んだケア

　ホームレス支援のボランティア団体として始まった「ふるさとの会」がどんな歩みをもっているか、的場由木さんが本文で触れているのでここでは省こう。私が初めて出会ったのは、前代表の水田恵さんから、自分たちなりのケアをおこなっていきたい、できれば援助論もつくっていきたいのでその手伝いをしてもらえないか、と声をかけていただいたときだったが、少しばかり躊躇する気持ちがあった。

　ホームレス支援の基本は、住宅保証をして住まいを確保する、そして生活保護を申請して暮らしの基礎をつくる。さらにはヘルパーや訪問医療・看護、配食といった社会サービスを導入して、生活や心身の安定をつくっていく。できれば雇用へとつながるような取り組みも導入する。それが〝ホームレス支援団体〟の支援活動の中心だった、といってよいと思う。

　しかしふるさとの会では、そこからさらに踏み込んで、利用者一人一人についてのメンタルケアにも取り組みたいのだという。利用者の人たちは高齢化し、認知症や、知的障害・発達障害、精神障害、身体障害を持っている人が少なくない。ケアに取り組みたいと考えてはいるものの、どう関わっていけばよいか、まったくわからずにいた。ところが、佐藤の『「自閉症」の子どもたちと考えてきたこと』を読んで大きな示唆を受けた、ここにヒントがあるかもしれない、それで声をかけた次第だ、という趣旨のことを述べられた。

水田さん一流の、上手なくすぐりに乗せられたのかもしれない、と今にして思わなくもないが、自著を褒めてもらって悪い気持ちになる書き手はいない。つい、具体的にはどんなプランを持っているのですか、などと身を乗り出して尋ねていた。これが、長い付き合いの始まりだった。

あまりに壮絶な事例

始まった論議のスタイルは「事例検討会議」。毎回、3例から4例が事例として示され、担当職員による報告の後、自由な討議が進められていく。事前に、法人の内部でどういう話し合いが行なわれているのかはわからないが、的場さんより会議の数日前には資料が届けられ、テーマが明示される。それに目を通して臨むのだが、振り返ってみると、始まってしばらくは（半年か、あるいはそれ以上か）、腑に落ちるようなかたちで論議に参加できたという記憶がない。

冷静さを装っていたけれど、あるいは出来るだけ冷静に感想や意見を述べるように努めてはいたけれど、内心では圧倒されっぱなしだったのである。制度論的なテーマや、ホームレス支援業界（？）に特有の話題に、私自身が付いていけなかったという理由もあるが、なんと言ってもケースとして提出される人たちの〝人生〟が、あまりに壮絶すぎるのである。

このとき私は、「障害」を持つ人たちや子どもたちとお付き合いをして、曲がりなりにも40年ほどを過ごしていた。家族として10年、教員として20年、部外の物書きとして10年。近年は、犯罪の加害者となる人の厳しい人生にも、いくらかは触れてきたつもりでいた。ところが、事例検討会議のケースとして示される利用者の人たちの人生は、また異なる壮絶さと過酷さに彩られている。重篤で困難なケースが毎回のように取り上げられ、どこに留意をしてケアをするのかといった論議を前に、私はただただ聞き入っているしかなかったというのが、本当のところだった。

冒頭でも述べたが、このような、多くの困難を抱え持った人たちのメンタルケアも含めて支援していきたいのだといい、しかも、従来のホームレス支援のなかでは、そのような取り組みはなされたことがなかった、そこは触れずに来ていたのだ、ともいう。会議に出席してみて、その理由が私なりに理解された。

先ほども述べたように、ふるさとの会の利用者の人たちの多くは、「障害」と呼ばれる状況を、重度軽度にかかわらず抱え持っている。住まいの安定を欠き、路上生活を長く続けてきたか、アパートや宿泊施設へ移行したとしても短期間で転々とさせられるか、いずれかだった（この与えるダメージの大きさを、やがて私も知った）。親兄弟、子どもからは絶縁され、人間関係は断たれている。生活史を見ても、虐待、犯罪、薬物やアルコールへの依存、暴力に関与し、また複数の深刻な被害体験がある。おそらくは長期にわたって、社会も人もすべて敵であるといった心理のなかで生きてこざるを得なかったはずである。強い自殺衝動を表わす人もいる。他の現場では引き受け手がなかった、という人も数多くいる。

このような人たちへのメンタル面のケアなど、取り組み始めたら、あっという間に身動きがつかなくなってしまうだろう。私は分に過ぎる役回りを安請け合いしてしまったのではないかと、しばらく危惧する時間が続いていた。やっと周囲の光景やスタッフの人たちの顔が目に入るようになったのは、半年を過ぎ、1年ほど経ってからだったと思う。

ケアの土台をつくるための文書

くり返しになるが、精神・知的・発達障害、脳血管障害の後遺症による身体障害、虐待体験やＤＶ体験の後遺症、ＨＩＶ、薬物やアルコール依存症、がん末期、自己破産、家族の破綻と離散、犯罪の加害と被害……、人生のほぼすべての難題が、事例検討会には提示されてくる。私が受けたカルチャーショックなどはともかくとしても、**このようなあらゆる種類の、かつきわめて重篤な困難を抱えた人たちが、ふるさとの会の支援（ケア）対象者であること、そこから始められた対人援助論であること**は、最初にお伝えしておきたいことの一つである。

そしてそのことが把握されるにつれ、相談室で何をしようとしているのか、私に課せられた役割は何か、それが少しずつ理解されていった。最初の1、2年の間に私が繰り返し述べていたことは、人が人を援助するとはどういうことか、利用者の人たちが生きる体験世界を、援助者の側はどう理解するのか。どこから始めなくてはならないか、何をどうすれば支援したことになるのか、などの基本的なことを話し合いの材料として提供することだった。**抱え持つ困難は各人各様であるが、ケアの土台は基本的には同じである。ケアの土台をきちんとつくら**

なければ、支援は根付かない。どう土台をつくるか。

この内容が、主に「基本的信頼関係の構築（対人援助論Ⅰ）」としてまとめられていった。

2　援助者にとっての実践の手引き

援助論の作成にあたっては私も半ば当事者なので、必要以上の賞讃は慎まなければならないのだろうが、それでもこの支援論のもつ意義の大きさについては、もう少し触れておきたい。

これまで看護師による看護論・ケア論、精神科の医師による治療論、心理関係者による援助論・治療論、介護者による介護論はたくさん書かれてきた。教育の領域にあっても、いわゆる指導技法や実践の報告についての著作は山のようにある。これらはいずれも、専門職の手になる、専門領域を舞台とした、（どちらかというと）専門家のためのケア論である。もちろん有意義なものがたくさんあるし、私も多くのことを学ばせてもらってきた。

しかし生活支援の現場から、支援する当事者が自分たちの取り組みを振り返り、確かめ、言葉にしてまとめ上げていったという支援論は、初めてとまでは断言できないけれども、おそらく数少ないものではあるだろうと思う。福祉領域の実践報告の類は山のようにあるし、手記風に綴った著作もある。しかしもう少し「論」としてのまとまりと体系性を持ち、いつ、どこで、だれが手にしても、援助者にとって実践の手引きとなるようなケア論は、これまでほとんどなかったのではないかと思う。

繰り返すが、学者や研究者の著述や考え方の敷き写しではなく、あくまでも**自分たちの取り組みを振り返るようなかたちでまとめられたケア論であること、多くの支援の場所でも使えるひらかれたケア論であること。このことのもつ意義の大きさ**を、二つ目のこととして指摘しておきたい。

ちなみに、もう一つ、栃木県の大田原市にある更生施設「かりいほ」も、現場から新しい支援論を立ち上げることを試みており、こちらもきわめて貴重な取り組みである（『青年期の発達障害とどう向き合うか』［PHP］、『発達障害と感覚・知覚の世界』［日本評論社］で、その一端を報告している。参照していただけるとありがたい）。「ふるさとの会」と「かりいほ」、この二つの現場で試みる支援論の立ち上げを手伝わせてもらっていることは、私にとってはこれ以上ない機会だった。

職業としての対人援助

なぜ困難な事例を多く抱える現場からのケア論、対人援助論が重要だと考えるか。ここにはいくつかの意義がある。

まず、スタッフの一人一人が、自分たちがやっていることは何であり、何を目的としているのか、そのことを明確に意識し、念頭に置いておく必要がある。困難が重篤になればなるほど、このことは重要になる。

まして職業としての対人援助とは、漠然とした「お世話」ではなく、毎日やっていることだから、なんとなくやっているから、と続けられていく無目的なものでもない。内容と意図、目的が明確にされた行為である。この対人援助論においては、**その内容や意図と目的がはっきりと示されている**。逆に援助者からみれば、自分たちがいま、何を、何のために行なっているのか、この援助論に照らし合わせることで明確になる。

さらに、内容と目的が明確化されることは、他のスタッフや外部から説明や理由を求められた際の、解答の指針として共有される、ということになる。とくに社会的な説明責任を求められる場合（例えば、認知症を持つ人が無断外出したとき、不安定な状態にある人が尋常ならざる言動や他害行為を見せ、外部的にも問題となったときなど）、どう対応したのか、なぜそのような対応になったのか、きちんと答えられなくてはならない。そのとき援助論を目安にすることによって、共通した答えが導かれることになる。

またケアの現場では、いま何をしなければならないか、何をしてはいけないか、絶えず変化する状況のなかで、柔軟に対応することが求められる。次に何が起こるか、その次はどうなるか、といった予測や見通しも、それぞれが持っている必要がある。予測した通りになることもあれば、ならないこともあるが、やはり刻一刻と移り変わる状況のなかで、できるだけ適切な選択をしていかなくてはならない。

留意したいのは、状況に応じた対応とは、思いつきや場当たり的に応対することとはまったく異なるものだ、ということである。ここにまとめられた援助論は、ふるさとの会における基本的な支援の最大公約数的指針であり、これを踏まえつつ、各スタッフの判断によって支援がなされることになる。

一例を出そう。「抱き合い喧嘩」という言葉がある。ここでは、おおむね次のようなことが述べられている。——誰かが激しいパニックに陥ったとき、まずは周囲にいる人と本人の、安全確保が優先される。そして援助する側に求められることは、自身の安全に配慮しつつも、逃げないこと、向き合うこと、受けとめようとすること、などである。そしてできるだけ早く収束に向かう方法を、スタッフ一人一人は常に念頭に置いておく必要があるが、そのときホールディングをする（抱きかかえる）というのが、一つの有効な方法である——概略、このようなことが述べられている。この大きな方向のなかで、収束に向かう方法は各スタッフの創意と工夫にゆだねられることになる。

自分たちがやっていること、やってきたことを振り返りながらまとめてきた、そのような実践的な援助論であるということは、**何をなすかの指針であると同時に、逆に、日々の支援のなかで難題にぶつかったときに、この援助論のなかにヒントがある、つまりは自分自身を助けるものであり、それがこの援助論の重要な役割の一つだ**と言い換えてもよい。

3　対人援助論の普遍性

もう一つ、次のことも強調しておきたいと思う。

目次をご覧になっていただければわかるように、この援助論は、基本的信頼関係の構築に大きな比重が傾けられている。そしてその際、「抑制しない」「待つ」「向き合う」などのことばが見られるように、非指示的で（命じない、指図しない）、受容性の高い援助方法が採られている。この、「基本的信頼関係の構築」という、言葉にすればありきたりな関わりのあり方をどうつくるかは、援助者にとっては最初の勝負所になるのだが、このとき、なぜ非指示的で受容的な方法が選ばれているのか。

ここはよく誤解されるところかもしれない。抑制しないとか命じないとか、それでは甘いのではないか、もっと厳しく接したほうがよいのではないか、ダメなものは駄目なのだとはっきりと伝えたほうがよいのではないか、とそのように受け取られかねないところではないかと思う。

ここで留意したいことは、ふるさとの会の支援（ケア）が3層の構造で考えられていることである。

支援の3層構造

一つは今述べた「基本的信頼関係の構築」と、「住まいの保障」という領域である。

これは喩えるなら、乳児が生命をつなぐために不可欠な存在（人）と、居場所（家）の重要性になぞらえることができる（逆に、「ホームレス」と呼ばれる人たちのいかに多くが、この生きるための根源的な条件を失っている存在であるかが理解されるだろう）。

二つ目には、「食事、睡眠、排泄、アクティビティ（良い刺激）、清潔」というような、生存にとって最低限、保障されてしかるべき生活の領域があり、ここではどんな社会サービスの提供が望ましいか、どう配置することがより適切なのかが論議される。

そしてこの上に立って、三つ目の「互助づくり」「自律支援」という援助の領域が初めて機能することになる。西研さん風に言えば、人としての尊厳や誇りが侵害されない、相互承認される、相互承認の深まりが自立の深まりになる、そういう領域の支援だということになる。

これらは複雑に絡んでいるのだが、この3層の支援がふるさとの会の援助論には構造化されている。さらに申し訳ないくらい簡略化して言いきってしまえば、

「生命の安全が守られ、生存の基本条件が保障され、存在やその尊厳が承認される」

という、人として生きていくための筋道が、この支援論のなかでたどられていることになる。

なぜ基本的な信頼関係の構築が丹念になされなくてはならないか。そのときどうして非指示的で、受容性の高い方法が採られているか。

支援を受けている人たちの多くが、生命の安全も、生存の基本条件も、尊厳の承認も、ほとんど保障されない人生を生きてこざるを得なかった人たちであるからだ。いわば生きていくための条件を一からつくり上げていかなくてはならず、そのとき援助の技法が命令的だったり指示的だったり、侵襲的だったり（意思や感情といった内面を強く規定したり、支配したりするような支援のあり方）、非受容的だったりすることは、むしろケアを阻害する。

人間は矛盾に満ちた不思議な生き物で、発達の当初に甘えや依存が十分に与えられることが、むしろその後の自律と自立の重要な土台になる。「ケア前ケア」と本文で語られていることはここに関連し、その基本的な考えがこの援助論の根幹をつくっている。

困難ケースとか重篤事例とか一口で言うけれど、その困難のあり方は一人一人異なるものだが、「生命の安全、生存の基本条件、存在や尊厳の承認」ということに示した大筋は、当然ながら共通している。つまりはひとが生きることについての普遍的な筋道を持つ援助論なのだ、と言い換えてもよい。

きわめて実践的でありながら、どの領域にも共通する普遍性が押さえられた対人援助論となっていること。その点が二つ目の大きな意義だと思う。

4 「生きづらさ」を解決するのは「生活の場」

ここまで、本援助論について、私なりに考えてきたこと、重要だと思われることを「解説」というかたちで述べてきた。最後はこちらから、読んでくださっている方々に問いかけてみたい。

この対人援助論は、ブックレット以前の段階では「対人援助を考える――生活支援とは何か」とタイトルされていた。「生活支援とは何か」という問いにたいし、本書を最後まで読まれ、どんな答えが浮かんでくるだろうか。対人援助について考えながら、なぜ「生活支援とは何か」と問いかけているのだろうか。

「第2章　生活支援とは何か」では、社会にも福祉にも居場所のない人たちの居場所（つまりは生活の場所）を地域につくること、**「生きづらさ」を解決する場所が「生活」の場である**こと、そしてさまざまな機能障害を生活障害にしない支援が「生活支援」であること、それは安心生活のための支援であること、と述べられている。これは、２０１４年度版の対人援助論で確認された「生活支援とは何か」という問いに対する答えである。

これが十分な答えとなっているかどうかは、私自身にとっても、おそらくはふるさとの会にとっても、今後検討を重ねていく課題である。しかし、逆に考えるなら、「生活支援」をこのように規定できたとき、援助論を外部に向けて発信してもよい、そう考えたのではないかと推測されるのである。

この推測をもう少し先に進めてみる。

「生活支援」のイノベーティブな内容

なぜ「生活支援とは何か」と問いかけているのか。「利用者さんたちの「生活」を支援しているのだから、「生活」支援で当たり前ではないか」と思われるかもしれないが、ここにはもっと積極的なメッセージがある。

ちなみに振り返ると、ふるさとの会ではこれまで「日常生活支援における家族的役割」とか、「全人的包括支援」とか、さまざまな言われ方をしてきた。「家族ではない支援者による家族的支援」ということもあった。おそらくは「生活支援」をどう規定するか、試行錯誤を重ねてきたのである。本書の「まとめ」に、「イノベーションプロセスとしての対人援助論」(イノベーションとは刷新とか革新といった意味)とか、「日々進化していく援助論」と書かれているのは、その証しである。

くり返すが、「支援とは何か」ではなく、「生活支援とは何か」と問われている。このことは、意外に重要なことではないかと考える。

医療や看護のケアでもなく、障害者福祉の福祉支援でもなく、高齢者への介護でもない、いわゆるホームレス支援とも異なるものであり、**ふるさとの会が行なっているケアは「生活支援」であるというメッセージ**、その内容はこの援助論に書かれているものだというメッセージ。その方向性をつかむことができたからこそ、外部の多くの人に向けて、問いかけてみようということになったのではないか。

どのような援助職にあっても、自分たちが何をしているのか、何のためにやっているのか、そのことに無自覚なプロ集団はいないはずである。またプロとして熟練していくということは、大きな責任と困難のなかに置かれるようになったとき、そこをどう乗り越えていくか、その具体的・実践的技量(対処技術や方法、考え方など)を、少しずつ身に付けていくことのはずである。いわばそれは、大きなアクシデントに見舞われたとしても、自分をバーンアウトさせない、そのようなタフさと持続力を身に付けていくことではないかと思う。先に、この援助論はスタッフ自身を助けるものだ、と書いたのだが、こうした意味を託していた。

「生活支援のプロ」として

推測のたどり着いたところをまとめてみると、次のような仮説に導かれる。

「ふるさとの会とは、どんなところか」と問われたとき、私は「生活支援のプロ集団である」と答えるのが、一番実情に即しているのではないかと思っている。**ふるさとの会の生活支援スタッフ**は、一般的には「非専門職」の集団ではあるけれども(一人一人を見れば、さまざまな専門資格を持っているけれども）、**法人内での一定の訓練や研修を経た、「生活支援のプロ集団」である。生活支援のプロとして向上しようとしている集団である。**そう規定したい気がする。

このことは、「生活支援」を資格化せよ、専門職としてのお墨付きを与えよ（スタッフは資格を受けよ）、と述べたいのではない。ふるさとの会が「生活支援」に託そうしているケアは、先行モデルのないものであり、的場さんがいみじくも述べているように、まさに新しい価値の創造（イノベーション）である。どこまでそのような支援がなされているか、それを自分に問いかけることができるような支援者であるかどうか。そのことが重要なのであり、ふるさとの会の目指すところではないかと思う。

だからこそ長い長い時間をかけ、労を惜しまず、このような対人援助論がつくられてきたのである。いわば**この対人援助論は、自分たちは「生活支援のプロ集団である」ということの表明であり、マニフェストなのである。**

こう書けば、「では、その生活支援とは何か」という問いが、改めて向けられてくるだろう。課題は山のようにある。これからどのような「生活支援のプロ集団」になっていくかは、ふるさとの会の、そして個々のスタッフの方々の、これからの決断と実践による。私のような非力な者に声をかけていただいたことに感謝しつつ、もう少しお手伝いできることがあれば、と思う。

監修者
佐藤幹夫（さとう・みきお）
1953年秋田県生まれ、フリージャーナリスト、更生保護法人同歩会評議員、自立支援センターふるさとの会相談室顧問、知的障害者施設かりいほ人材育成研修研究委員。批評誌『飢餓陣営』主宰。著書『自閉症裁判』（朝日文庫）、『17歳の自閉症裁判』（岩波現代文庫）、『知的障害と裁き』『人はなぜひとをケアするのか』（ともに岩波書店）、『ルポ高齢者医療』『ルポ認知症ケア最前線』（ともに岩波新書）、『「自閉症」の子どもたちと考えてきたこと』（洋泉社）。近刊に『ルポ高齢者ケア—都市の戦略・地方の再生』（ちくま新書）他多数。

編著者
NPO法人　自立支援センターふるさとの会
ホームレス支援のボランティア団体として1990年に「ボランティアサークルふるさとの会」としてスタートし、1999年に特定非営利活動法人の認証を受ける。「生活困窮者が地域の中で安定した住居を確保し、安心した生活を実現し、人としての尊厳や役割、居場所を回復するための支援を事業として行うこと」を社会使命として活動している。**連絡先は4頁参照。**

的場由木（まとば・ゆき）
1979年東京生まれ。1997年「ボランティアサークルふるさとの会」にて生活困窮者支援に関わりはじめる。2001年「特定非営利活動法人　自立支援センターふるさとの会」入社。2003年東京医科歯科大学医学部保健衛生学科看護学専攻卒業。現在「特定非営利活動法人　すまい・まちづくり支援機構」理事、「更生保護法人　同歩会　副理事長」。保健師として、ふるさとの会の生活支援員を対象としたケア研修及び対人援助研修を実施している。

装丁……………山田英春　　ＤＴＰ組版……勝澤節子
編集協力………植野郁子、田中はるか

言視BOOKS
「生きづらさ」を支える本
対人援助の実践的手引き

発行日❖2014年4月30日　初版第１刷
2018年8月31日　第３刷

編集者
NPO法人自立支援センターふるさとの会 的場由木

発行者
杉山尚次

発行所
株式会社言視舎
東京都千代田区富士見2-2-2 〒102-0071
電話03-3234-5997　FAX 03-3234-5957　http://www.s-pn.jp/

印刷・製本
㈱厚徳社

ISBN978-4-905369-86--8 C0336